ミニストーリーで覚える TOEIC® L&R TEST 英単語1000

成重 寿

Jリサーチ出版

はじめに

テーマ別にミニストーリーで覚える

TOEICの単語集はさまざまなものが出ています。単語の配列も頻度順、易から難、アルファベット順、品詞別などさまざまです。

本書はTOEICによく出る英単語をテーマ別のグループでまとめて覚えられる、今までにないユニークな単語集です。テーマもTOEICに頻出のもので構成されています。基礎から730点レベルまでをカバーします。

また、各グループのメインとなる単語には「ミニストーリー」風の紹介文があります。最重要語や盲点となる単語、使用頻度の高い難語などをミニストーリーによって印象深くアタマに刷り込めます。関連語も同時に紹介しているので、数語をミニストーリーにのせて一気に覚えることが可能です。

単語グループは全部で60あります。

ビジネスに強い！

TOEICに使われる素材は、制作団体であるETSによれば、おおよそ「ビジネス：生活＝2：1」になっているそうです。

本書においても、「求人・面接」「日常業務」「銀行・お金」「お店・商品」「マーケット」などビジネスのテーマを主体にグループ化しています。

特にビジネスに触れたことのない学生の方や、ビジネス経験の浅い社会人の方、また英語でのビジネスに慣れていない方に、ビジネステーマ別の構成は不足している単語を補うのにぴったりです。ミニストーリーや各単語のミニ解説からもビジネス単語の基本知識が学べます。

同時に、「旅行」「レストラン・食べる」「美術館・博物館」「家庭・家具」「風景」など、TOEICによく出る生活テーマもしっかりフォローしています。

20日間でマスターできる

本書は1DAYを3つの単語グループで構成し、20日間で1000語をマスターできるようになっています。単語学習に集中できる方はこのスケジュールで進めていただき、一日にまとまった学習時間を取れない方や他の学習項目と一緒に進めたい方はご自分のスケジュールで進めてください。

すべての収録語には例文が付いています。例文はTOEIC仕様で、かつ短く、その単語の特性がよく出るものをネイティブスピーカーと一緒に工夫して作成しました。単語の用法のチェックに、またTOEICの問題に慣れるためにも例文を活用していただきたいと思います。

知らないと損する単語には「天使マーク」を表示しています。天使マークの単語は特にしっかり確認しておきましょう。

本書を手にとってくださった皆さまのスコアアップ、目標スコアの達成を心より願っています！

著者

ミニストーリーで覚える TOEIC® L&R TEST英単語1000

CONTENTS

はじめに …… 002
TOEIC英単語の上手な覚え方 …… 008
本書の利用法 …… 010
音声ダウンロードのしかた …… 012

ビジネス編

DAY 1
1 求人・面接 …… 014
2 資格・能力 …… 018
3 人事 …… 022

DAY 2
4 通勤・オフィス …… 026
5 日常業務 …… 030
6 役職・組織 …… 034

DAY 3
7 銀行・お金 …… 038
8 経理・支払い …… 042
9 イベント・社交 …… 046

DAY 4
10 電話・ネット …… 050
11 職業・産業 …… 056
12 組織・団体 …… 060

Learn More 1 〈動詞＋名詞〉のコロケーション …… 062
Learn More 2 学問の単語 …… 063

DAY 5
13 店舗・商品 …… 064
14 ショッピング …… 068
15 アフターサービス・配送 …… 072

DAY6
16 顧客 …… 076
17 マーケット …… 080
18 広告・宣伝 …… 084

DAY 7
19 会議・議論 …… 088
20 意見・決定 …… 092
21 交渉・契約 …… 096

DAY 8
22 戦略・開発 …… 100
23 機器・製造 …… 104
24 不動産・建設 …… 108

DAY 9
25 仕事を進める …… 112
26 会社・業務 …… 116
27 オフィス …… 120

DAY 10
28 旅行 …… 124
29 ツアー・交通機関 …… 128
30 風景 …… 132

Learn More 3 日常生活の単語 …… 136

日常生活編 ＋ノンジャンル・イディオム

DAY 11
31 美術館・博物館 …… 138
32 劇場・スポーツ・出版 …… 142
33 地域社会・環境 …… 146

DAY 12
34 レストラン・食事 …… 150
35 キッチン・料理・スーパー …… 154
36 健康 …… 160

Learn More 4 Part1 の要注意動詞 …… 162
Learn More 5 お決まり会話フレーズ …… 163

DAY 13
37 家庭 …… 164
38 教育・余暇 …… 170
39 天気 …… 174

Learn More 6 ハイフン形容詞 …… 176
Learn More 7 ちょい難動詞 …… 177

DAY 14
40 トラブル・法律 …… 178
41 意外な単語 …… 182
42 物・形・位置 …… 186

DAY 15
43 増減する・管理実行する …… 190
44 指導する・意思疎通する …… 194
45 評価する・賛否を表す …… 198

DAY 16
46 改善する・意志を示す …… 202
47 生活・職場での動作 …… 206
48 注意したい重要動詞 …… 210

Learn More 8 ちょい難形容詞 …… 216
Learn More 9 ちょい難名詞 …… 217

DAY 17
49 人・モノを形容する …… 218
50 状況・空間・程度を形容する …… 222
51 分詞形容詞・ハイフン形容詞など …… 228

DAY 18
52 注意したい重要形容詞 …… 232
53 注意したい重要副詞 …… 238
54 副詞・接続詞・前置詞 …… 242

DAY 19
55 注意したい重要名詞 …… 246
56 前置詞のイディオム as ～ in …… 252
57 前置詞のイディオム in ～ to …… 256

DAY 20
58 さまざまなイディオム …… 260
59 動詞句 be ～ keep …… 266
60 動詞句 rely ～ wrap …… 270

INDEX さくいん …… 274

TOEIC英単語の上手な覚え方

**時間のないTOEIC学習者には効率的な単語学習が求められます。
まずTOEICでよく使われる単語・表現の特徴をつかんで、
ターゲットを絞った学習を進めましょう。**

❶ TOEIC英単語の特性を知る

「はじめに」でも紹介したように、TOEICの英単語の主要なものはビジネスに関連する単語です。例えば、commute「通勤する」、assignment「業務」、personnel「人員；人事部」、mentor「指導する」などの単語は中学・高校・受験ではあまりポピュラーではありません。また、ship「船」を「発送する」、shift「変化」を「交替勤務」という意味で使うのもTOEICの特徴と言えます。

こうしたビジネスの基本語を知っているかどうかがテストの出来を大きく左右します。そこで、これから単語学習を始める人は、まずTOEICに特徴的なビジネス語を攻略することがスコアアップへの近道となります。

Good newsとしては、TOEICによく出るビジネス語は数が限られているということです。500語程度をきちんと覚えてしまえば基礎を固めることができ、スムーズに試験問題を解くことができるようになります。

❷ 関連語をグループで覚えるのが得策だ

TOEICの問題を見ればすぐにおわかりになると思いますが、同じテーマの単語はまとまって一つの問題文に出てきます。例えば、「求人」のテーマの問題であれば、apply「応募する」、candidate「候補者」、interview「面接」、résumé「履歴書」、qualified「資格のある」などは同時に出てくることが多いのです。

つまり、逆を言えば、テーマ別にまとめて重要語を覚えておけば、そのテーマの問題が出たときにはぐんと対応がしやすくなるということです。また、単語同士が関連しているために、統一イメージでしっかりと覚えることもできます。本書の構成の真意はそこにあり、それゆえテーマごとに関連語を一気にマスターしてほしいのです。

❸ 単語の運用力を強化しよう

受験のときには、「英単語」＝「日本語の意味」というように一対一で覚えていく方法をとった人も多いかもしれません。しかし、TOEICの多彩な問題を解くためには、英単語は例文を使って、その用法やニュアンスも一緒に身につけておくのがベターです。複数の重要な意味・用法を持つ頻出語もあります。

candidate「候補者」という単語は、an ideal candidate「理想的な候補者」やa successful candidate「採用になった候補者」のような表現で使われることが多いです。inconvenience「不便」という単語はI'm sorry for the inconvenience.「ご不便についてお詫びいたします」と謝罪の表現でよく使われます。

このように文脈で覚えておくと、単語の運用力が身につき、TOEICのさまざまなタイプの問題に対応しやすくなります。

❹ 音声を活用しよう

本書に収録する1000語については、単語・意味・英語例文の3点セットの音声を無料ダウンロードで利用することができます（☞ 12ページ参照）。

単語はただ見るよりも、耳でも聞く、自分でも発音するというように、複数の感覚器官を使うほうがよりしっかりと定着します。

TOEIC L&R TESTの半分はリスニングセクションです。聞き取りの対策のためにも、ダウンロード音声をぜひ活用してください。特に例文はTOEICによく出る内容のショートセンテンスになっているので、何度も聞き取るうちに単語の運用力が強化でき、TOEICの雰囲気にも馴染むことができます。

音を正確に身につけて、センテンスごと展開できるなら、TOEICはもちろんビジネスや日常生活の英会話にもきっと役立つはずです。

本書の利用法

スケジュール
DAY 1～20を表示します。「20日間完成」はスピードマスターのスケジュールです。あくまで目安ですので、時間がある方はゆっくり、それぞれのペースで進めてください。

単語グループ
収録語はビジネス・日常生活などのテーマで60のグループに分類されています。

クローズアップ
そのグループを代表する単語をクローズアップして紹介します。
TOEICで特に重要な単語、要注意の単語、よく使われる難語などです。

ミニストーリー
クローズアップされた単語の用法や背景を詳しく紹介するほか、重要な関連語も解説します。

DAY 5 **13 店舗と商品** TRACK 13

お店はstoreやshopだけではない

0193
□
□
location [loukéiʃən]

名 店；位置
動 locate「見つける；位置づける」

「店」はstoreやshopと言うばかりではありません。**location**は、原意は「位置；場所」ですが、「店」の意味でもよく使います。The company has a location in Tokyo.なら「その会社は東京に店舗を持っている」の意味です。**outlet**は「出口」が原意で、商品の出口として「小売店」の意味でも使います。「アウトレット店」の意味もありますが、「小売店」全般を指すことができます。

店の「商品」は**goods**が一般的な言い方ですが、フォーマルには**merchandise**と呼びます。merchandiseは集合名詞なので、不可算で使います。Part 1の写真問題にもよく出る単語です。店で商品を「売る」はsellのほかに**carry**も使うので覚えておきましょう。

I'll check if other locations have the item.
他の店にその商品があるかどうか確認してみます。

064

本書はTOEIC頻出の1000語を20日間でマスターする単語集です。60の単語グループで構成されていて、ミニストーリーを読んで覚えられるようになっています。

You are here!
学習者が1000語マスターという道のりのどこにいるかを示します。

見出し語
各見出し語には「発音記号」「意味」「ミニ解説」「例文」が付いています。例文はTOEIC仕様の短いセンテンスです。
知らないと損する単語には「天使マーク」が付いています。

チェック欄
その単語を知っているかどうか、覚えたかどうかをチェックするのにご利用ください。

略語一覧

動 動詞	形 形容詞
副 副詞	名 名詞
前 前置詞	接 接続詞
類 類義語	反 反意語
関 関連語	

音声ダウンロードのしかた

STEP 1

音声ダウンロード用サイトにアクセス！

※ https://audiobook.jp/exchange/jresearch
を入力するか、右のQRコードを読み取ってサイトにアクセスしてください。

STEP 2

表示されたページから、audiobook.jpへの会員登録ページへ！

※音声のダウンロードには、オーディオブック配信サービスaudiobook.jpへの会員登録（無料）が必要です。すでに、audiobook.jpの会員の方はSTEP3へお進みください。

STEP 3

登録後、再度STEP1のページにアクセスし、シリアルコードの入力欄に「25069」を入力後、「送信」をクリック！

※作品がライブラリに追加されたと案内が出ます。

STEP 4

必要な音声ファイルをダウンロード！

※ スマートフォンの場合は、アプリ「audiobook.jp」の案内が出ますので、アプリからご利用ください。

※ PCの場合は、「ライブラリ」から音声ファイルをダウンロードしてご利用ください。

ご注意！

- PCからでも、iPhoneやAndroidのスマートフォンやタブレットからでも音声を再生いただけます。
- 音声は何度でもダウンロード・再生いただくことができます。
- ダウンロード・アプリについてのお問い合わせ先：info@febe.jp（受付時間：平日10～20時）

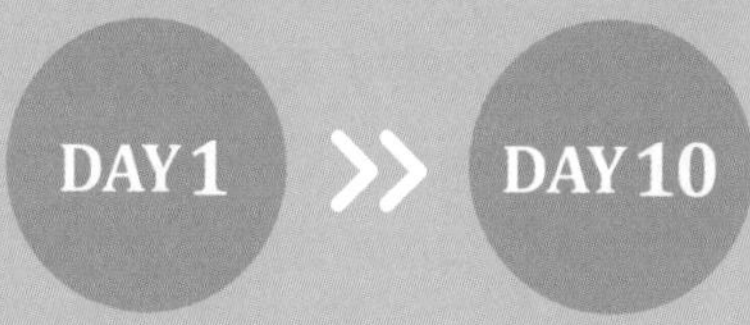

ビジネス編

求人・オフィス・お金・電話・製造・販売――ビジネス場面に頻出の単語から覚えていきましょう。TOEICのスコアアップに直結します。480語を収録します。

1 求人・面接

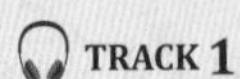

求人・面接はTOEICの最重要テーマ、毎回必ず出る！

0001

apply [əplái]

動 応募する；申請する；適用する

求職になくてはならない単語が**apply**です。「応募する」という意味で使いますが、この意味では自動詞でapply for a job（仕事に応募する）、apply to a company（会社に応募する）と、仕事・ポストなどが続けばfor、会社・学校などが続けばtoを使います。名詞の**applicant**は「応募者」、**application**は「応募（書類）」です。ビザやローンなどを「申請する」の意味もあります。

また、「適用する」の意味もあり、apply A to B（AをBに適用する）、apply to A（Aに適用される）の2つの形を覚えておきましょう。

He applied for a job at a travel agency.
彼は旅行代理店の職に応募した。

0002

candidate [kǽndidèit]

! 求職の必須語

名 候補者

＊applicantと同様、求職の場面でよく使う。

She is an ideal candidate for the post.
彼女はそのポストに理想的な候補者だ。

0003

position [pəzíʃən]

名 仕事；職責

類post / job「仕事；職責」

The position has already been filled.
その仕事はすでに埋まってしまいました。

0004

job opening

! openingは「欠員」のこと

求人；仕事の欠員

類vacancy「欠員」

My company has a job opening which is good for you.
君にぴったりの求人がうちの会社にあるよ。

0005

help-wanted ad

求人広告

＊wantedは「募集中の」の意味。

We posted a help-wanted ad in the local paper.
私たちは地元紙に求人広告を出した。

0006

place [pléis]

動 掲載する

＊postと同様、広告を「出す」の意味で使う。

You can place a job ad on our website for free.
求人広告を当社のウェブ上に掲載するのは無料です。

0007

résumé [rézəmèi]

発音に注意

名 履歴書

＊CV (curriculum vitae) も同様の意味。cover letterは「添え状」。

Please send your résumé to hr@jpairways.com.
あなたの履歴書をhr@jpairways.comまで送ってください。

0008

permanent [pə́ːrmənənt]

形 正社員の

反 temporary / part-time「非正規の；臨時職の」

I'm looking for a permanent job.
私は正社員の仕事を探しています。

0009

interview [íntərvjùː]

インタビューだけではない

名 面接；面談

＊interviewer「面接官」、interviewee「面接を受ける人」

He was called for a second interview.
彼は二次面接に呼ばれた。

0010

hire [háiər]

動 採用する 名 社員

＊名詞で使って、a new hireで「新入社員」。

The company will hire temporary staff during the holiday season.
クリスマス期間中、会社は臨時のスタッフを採用する予定だ。

0011

prior experience

それまでの経験；業務経験

＊priorは「以前の」の意味。work [job] experienceとも言う

Prior experience is not required.
業務経験は必要ありません。

0012

graduate [grǽdʒuèit]

名 卒業生　動 卒業する(from)

＊undergraduate「大学生」

View new high-school graduate vacancies on jobstreet.com.

新しい高校卒業生の求人をjobstreet.comでご覧ください。

0013

degree [digríː]

採用の場面ではこの意味

名 学位

＊bachelor's degree「学士号」、grade「成績」、major「専攻」

A master's degree in computer science is preferred.

コンピューターサイエンスの修士号を持っていることが望ましい。

0014

transcript [trǽnskript]

名 成績証明書

＊diploma「卒業証書」

You need to submit an official transcript with your résumé.

あなたの履歴書と一緒に公式の成績証明書を提出する必要があります。

0015

credential [krədénʃəl]

名 資格；実績

＊通例、複数で使う。

Greta has excellent credentials for the job.

グレタはその仕事に就くのに申し分のない資格を持っている。

0016

reference [réfərəns]

名 推薦人；推薦状

＊アメリカでは推薦人の提出を求められることがある。

Please provide at least three references.

最低3人の推薦人を提出してください。

2 資格・能力

資格・能力にもさまざまな言い方がある

0017 □ □ **qualified** [kwálifàid]

形 資格のある；免許のある

求職の場面では資格・能力が問われますが、「資格；能力」を表す言葉が**qualification**です。形容詞**qualified**もよく使い、be qualified for Aで「Aに適任である」の意味になります。**proficient**は「技能がある」の意味で、be proficient in A「Aの技能を持っている」の形で使います。**competent**は「能力がある」です。どちらも、**proficiency**「技能」、**competence**「能力」という名詞形も覚えておきましょう。

「採用する；雇用する」には**employ**を使います。この名詞形で**employer**とすれば「雇用主」で、**employee**とすれば「社員；従業員」です。3点セットで覚えましょう。

Only qualified candidates can go to interviews.
資格のある候補者だけが面接に進みます。

0018

track record

! 会社の実績にも使う

実績；成績

＊trackは「職業経験」のこと。

He has a proven track record as a website designer.
彼はウェブデザイナーとして折り紙付きの実績がある。

0019

expertise [èkspəːrtíːz]

! アクセントに注意

名 専門技能；専門知識

＊アクセントが後ろにあるので、リスニングで注意。

She was hired for her accounting expertise.
彼女は会計の専門知識を持っているために採用された。

0020

proficient [prəfíʃənt]

形 熟達した

名 proficiency「熟達；技量」 類 skilled「技量のある」

We need a person who is proficient in managing hotels.
我々はホテルの運営に熟達した人が必要だ。

0021

familiar [fəmíljər]

! 前置詞に注意

形 精通した；よく知られた

＊familiar with A「Aに精通した」、familiar to A「Aによく知られた」

Tim is familiar with AI programming.
ティムは人工知能のプログラミングに精通している。

0022

motivated [móutəvèitid]

形 意欲のある；やる気のある

類 eager「熱意のある」 dedicated「献身的な」

The staff is all highly motivated.
スタッフは全員が意欲満々だ。

0023 □ □

competent [kámpətənt]

形 能力のある；適任の

類 capable / able / efficient「能力のある」

Maria is very competent at communicating.
マリアはコミュニケーション能力が非常に高い。

0024 □ □

job description

! 日本では一般的でない書類

職務記述書

＊募集する仕事の詳細を記述した文書。

Please read the job description before applying.
応募する前に職務記述書を読んでください。

0025 □ □

recruit [rikrú:t]

! 名詞・動詞の両方で使う

名 新入社員　動 新規採用する

＊new employee [hire]でも同じ意味。

Mr. Roland will train the recruits.
ローランドさんが新入社員の研修を行います。

0026 □ □

employee [ìmplɔií:]

名 社員；従業員

反 employer「雇用主」

Our company has over 1,000 employees.
弊社には1千人以上の社員がいます。

0027 □ □

outgoing [àutgóuiŋ]

形 外向的な

類 extroverted「外向的な」　反 introverted「内向的な」

I would describe my personality as outgoing.
私は自分の性格を外向的だと思います。

0028

mentor [méntɔːr]

! 動詞でも使う

動 指導する　名 先輩社員

＊名詞では、会社で未経験の社員の指導に当たる先輩社員を指す。

She mentors new staff on the sales team.
彼女は販売チームの新入社員を指導している。

0029

probation [proubéiʃən]

名 試用期間

＊trial periodとも言う。

New employees have a three-month probation period.
新入社員には３カ月の試用期間があります。

0030

replacement [ripléismənt]

! 人・物のどちらにも

名 後任(者)

＊機械に使えば「交換部品」。動 replace「引き継ぐ；交換する」

It is difficult to find a replacement for Aisha.
アイシャの後任を見つけるのは難しい。

0031

internship [íntəːrnʃìp]

名 実務研修；インターンシップ

＊通例、卒業前の大学生が対象。internは「実務研修生；インターン」。

We have internships for college students throughout the year.
当社は１年中、大学生の実務研修を行っています。

0032

hands-on [hǽndz-ɔ̀n]

形 実地の；実践の

反 hands-off「無干渉の」

Interns can get hands-on experience in the apparel industry.
インターンはアパレル業界での実地の体験を積むことができます。

3 人事

人事は企業の要。決まった言い方を覚えよう

0033

human resources

人材；人事部

resourceは「原料；素材」の意味の単語で、**human resources**で「人材」の意味で使います。diverse human resourcesなら「多様な人材」、human resources departmentで「人事部」です。departmentなしで「人事部」の意味でも使い、よく**HR**と略されます。

同様の意味を表す単語に**personnel**があり、集合的に「社員；職員」を表すと同時に、「人事部」の意味でも使います。TOEICは求人・採用の話題が多いので、この2語は頻繁にお目にかかるはずです。

人事でよく使われる**promote**「昇格させる」、**transfer**「転勤させる」「転勤」、**raise**「給与を上げる」「昇給」も覚えておきましょう。

Human resources development is the core of our growth.
人材の開発は我々の成長の核心である。

0034

personnel [pə̀ːrsənél]

名 社員；人事部

＊a personnel departmentで「人事部」とすることも。

All personnel will receive new security cards.
すべての社員が新しいセキュリティカードを受け取ることになります。

0035

performance [pərfɔ́ːrməns]

名 業績；実績

＊performance evaluation [appraisal]「業績評価」

Employee performance evaluation is conducted every six months.
社員の業績評価は６カ月毎に行われます。

0036

promote [prəmóut]

動 昇格させる

＊be promoted to「～に昇格する」 反demote「降格させる」

Josh was promoted to production manager.
ジョシュは生産部長に昇格した。

0037

transfer [trænsfə́ːr]

！「引っ越す」の意味も

動 転勤させる；転勤する

＊名詞も同形。

I'll be transferred to the Mumbai branch next month.
私は来月、ムンバイ支社に転勤になります。

0038

resign [rizáin]

！自主的に辞めること

動 辞職する

名 resignation「辞職」 類retire「退職する」

Carla Harris will resign the position as the CIO.
カーラ・ハリスは最高情報責任者の職を辞する。

0039 □ □
dismiss [dismís]
動 解雇する
類 lay off / discharge / sack「解雇する」

The company decided to dismiss half of the factory workers.
会社は工場労働者の半数を解雇することを決定した。

0040 □ □
outplacement [áutplèismənt]
名 再就職斡旋
＊人員削減の対象となった社員に再就職先を見つける支援をすること。

We provide outplacement services for laid-off employees.
当社は解雇された社員に再就職斡旋サービスを提供しています。

0041 □ □
paycheck [péitʃèk]
! 「給与」の言い方はさまざま
名 給与
類 payroll / salary / wage / compensation「給与」

I got my first paycheck at the new company.
私は新しい会社で最初の給与を受け取った。

0042 □ □
raise [réiz]
名 昇給 動 上げる；(資金を)調達する
＊動詞では「上げる」が原意。raise a capital「資本を調達する」

Mr. Hargrove has asked for a raise twice.
ハーグローブさんは2度、昇給を求めた。

0043 □ □
leave [lí:v]
! holidayの意味で使う
名 休暇
＊paid leave [holiday]「有給休暇」、sick leave「病欠」

Employees are given 20 days of annual paid leave.
社員には20日間の年次有給休暇が与えられます。

0044
allowance [əláuəns]

名 手当

＊a living allowance「住居手当」

Travel allowance is provided up to $300 per month.
交通手当は上限を月300ドルとして支給されます。

0045
commission [kəmíʃən]

名 歩合給

＊「委員会」の意味でも使う。

All sales staff work on commission.
営業部員は全員が歩合給で働いている。

0046
benefits [bénifits]

名 福利厚生；諸手当

＊本給以外の手当や特典のこと。fringe benefitsとも言う。

A dental plan is included in our employee benefits.
歯科プランは当社の従業員の福利厚生に含まれています。

0047
incentive [inséntiv]

名 報奨金；インセンティブ

＊ストックオプションなど社員の士気を高める施策。perkとも言う。

A year-end bonus is a good incentive for workers.
年末のボーナスは社員にとってのいいインセンティブである。

0048
morale [mərǽl]

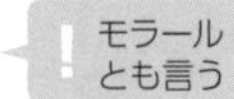

名 士気；やる気

＊moral「道徳；モラル」と区別しよう。

A series of releases raised morale among the employees.
一連の製品リリースは社員の士気を高めた。

4 通勤・オフィス

TRACK 4

「通勤」「テレワーク」を何と言う？

0049 □ □

commute [kəmjúːt]

動 通勤する
名 通勤

仕事は出社することから始まります。「通勤する」を英語では**commute**と言います。**go to work**も同様の意味です。日本の都市では電車通勤が普通ですが、アメリカではニューヨークなどを除き、車通勤が一般的です。通勤の方法はcommute by car [train / bike]「車で［電車で／自転車］で通勤する」と表現します。

最近では、出社せずに、自宅で働く「在宅勤務」も定着してきました。「在宅勤務をする」は**work from home**で「家から働く」と表現します。from homeには「本来は出社するところだが、自宅から」という意味が込められています。**telecommute**や**telework**という言い方もあります。

I commute to work by subway.
私は地下鉄で通勤しています。

0050

work from home

在宅勤務をする

㊫telecommute「在宅勤務をする」

I usually work from home twice a week.

ふつう週2回、在宅勤務をします。

0051

suburb [sʌ́bəːrb]

名 郊外

㊫outskirts「郊外」

He lives in a suburb of Tokyo.

彼は東京の郊外に住んでいます。

0052

residential [rèzidénʃəl]

形 居住(用)の

名 resident「住民」 動 reside「居住する」

My house is in a quiet residential district.

私の家は静かな住宅地にあります。

0053

transportation [trænspərtéiʃən]

名 交通

* public transportation「公共交通機関」 動 transport「運ぶ」

Most workers use public transportation to travel to work.

多くの社員は通勤に公共交通機関を使っています。

0054

congested [kəndʒéstid]

形 混雑した

㊫crowded「混み合った」

The train was heavily congested.

電車はひどく混んでいました。

0055 □ □

call in sick

決まった言い方

病欠の電話を入れる

＊sick leave「病欠」

Ilene called in sick to work today.
アイリーンは今日は病気で仕事を休むと電話した。

0056 □ □

be absent from

～を欠勤[欠席]する

＊名詞のabsenceは「欠席；不在」。

The boss has been absent from work for three days.
上司は3日連続で会社を休んでいる。

0057 □ □

office supplies

事務用品

＊文具（stationery）やコピー用紙などを指す。

Mia is managing office supplies.
ミアが事務用品を管理している。

0058 □ □

stationery [stéiʃənèri]

名 文具

＊pen「ペン」、scissors「ハサミ」、eraser「消しゴム」などの総称。

There is no Scotch tape in the stationery cupboard.
文具棚にスコッチテープはありません。

0059 □ □

drawer [drɔ́:ər]

名 引き出し

＊shelf「棚」、filing cabinet「ファイルキャビネット」

Scissors are in the top drawer.
ハサミは一番上の引き出しに入っています。

0060
bulletin board
案内板
＊bulletinは「告示」「ニュース速報」の意味。

Information about the company picnic is on the bulletin board.
社内ピクニックの情報は案内板に掲示されています。

0061
department [dipáːrtmənt]
! 百貨店ではない
名 部門
＊「百貨店」はdepartment storeと言う。㊮division「部門」

Kate is head of the sales department.
ケイトは営業部の部長です。

0062
front desk
受付；フロント
㊮reception desk「受付；フロント」

I'll ask at the front desk.
受付で聞いてみますよ。

0063
paper jam
! よく出るテーマ
紙詰まり
＊jamは「動かない状態」のこと。traffic jamで「交通渋滞」。

The copier sometimes has paper jams.
このコピー機は時々紙詰まりを起こす。

0064
parking lot
駐車場
＊イギリスではcar parkと言う。

Please park your car in the company parking lot.
車は会社の駐車場に停めてください。

5 日常業務

オフィスで仕事をするイメージで覚えよう

0065 □ □

in charge of

～を担当して

chargeには「責任；担当」の意味があり、**in charge of**で「～を担当して」という必須の表現です。Who's in charge of ～?「～はだれの担当ですか」はPart 2のお決まりの質問です。これにはAmelia is.「アメリアです」のように「主語+be動詞」で答えます。the person in charge（担当者）という表現も覚えておきましょう。chargeは名詞で「料金」、動詞で「請求する」の意味でも使います。

英語には「仕事」に当たる言葉がいくつかあります。**duty**は「義務」の意味で覚えているかもしれませんが、「業務；職務」でもよく使います。他に、「業務」には**work**、**job**、**assignment**、**task**を使います。**responsibility**は「職責」というニュアンスです。

The accounting manager is in charge of the payroll.
経理部長が給与業務を担当している。

0066
assignment [əsáinmənt]

! 毎回、必ず出る

名 業務

＊動詞assignは「割り当てる」で、「割り当てられた仕事」を指す。

The boss gave me a new assignment.
上司は私に新しい業務を割り当てた。

0067
routine [rù:tí:n]

名 決まった仕事；日課

＊いつも決まってしている仕事・行動を指す。

A cup of coffee is my morning routine.
一杯のコーヒーが私の朝の日課だ。

0068
chore [tʃɔ́:r]

名 雑務

＊「面白くない」というネガティブなニュアンスが入ることも。

It takes a lot of time to do daily chores.
毎日の雑務をこなすのにずいぶん時間がかかっている。

0069
errand [érənd]

! 動詞と一体化している

名 お使い

＊run errands「お使いに出る」でよく使う。

She's now out running errands.
彼女はお使いで出ています。

0070
shift [ʃíft]

名 交替勤務

＊work [do] a shift「交替勤務をする」

I'm on the night shift today.
私は今日は夜勤です。

0071
overtime [óuvərtàim]
副 残業で 名 残業 形 残業の
* work overtime「残業する」

She's been working a lot of overtime this month.
彼女は今月はたくさん残業をしている。

0072
break [bréik]
名 休憩
類 rest / repose「休憩」

Let's take a break after finishing this.
これを終えたら休憩にしよう。

0073
reminder [rimáindər]
名 注意喚起；リマインダー
* 動詞remindは〈remind A of B〉「AにBを思い出させる」の形に注意。

I received a reminder from the dentist for the appointment.
私は歯医者から予約についてのリマインダーを受け取った。

0074
notice [nóutəs]
! 例文は頻出の文型
名 告知；注意
* 動詞で「気づく」という意味も重要。

The gallery will be closed until further notice.
ギャラリーは追っての告知があるまで閉館します。

0075
memo [mémou]
名 社内回覧；連絡票
* memorandumの略記。

The memo to all staff outlines new working policies.
全社員宛てのその社内回覧は新しい勤務方針を説明している。

0076
update [ʌ̀pdéit]

動 最新情報を教える 名 最新情報

＊an updated version「最新版」。

Keep me updated on that.
それについて何かあったら教えてください。

0077
paperwork [péipərwə̀ːrk]

名 書類業務；必要書類

＊申請書・契約書などのまとまった「必要書類」の意味でも使う。

I finished the paperwork for the sales.
私はその販売案件の書類業務を終えました。

0078
brochure [brouʃúər]

! さまざまな案内書に使う

名 パンフレット

＊pamphletと同様に、必要な情報・写真などを掲載した薄手の案内書。

Our company brochure has just been renewed.
当社の会社案内はリニューアルされたばかりです。

0079
workload [wə́ːrklòud]

名 仕事量

＊work（仕事）＋load（負担）＝「仕事量」

I cannot handle the increased workload.
私は増えた仕事量に対応できない。

0080
directory [dəréktəri]

名 名簿；案内

＊a business directory「企業名簿」、a floor directory「フロア案内」

According to the office directory, the Sales department is on the third floor.
事務所案内によると、営業部は3階にあります。

6 役職・組織

「経営陣」「取締役会」の呼び方は？

0081

executive [igzékjətiv]

名 経営幹部

形 経営幹部の

executiveは「経営幹部（の）」の意味で、名詞でも形容詞でも使います。基本的には**director**「取締役；役員」を指します。chief executive officerとすれば、言わずと知れた「最高経営責任者」のことで、通例はCEOという略記を使います。ちなみに、「最高執行責任者」はCOO (chief operating officer)、「最高財務責任者」はCFO (chief financial officer)です。経営陣の役職名としては、**chairperson**「会長」、**president**「社長」、**vice president**「副社長」もよく使います。

取締役で構成される会社の最高意志決定機関は**the board of directors**「取締役会」と言います。略して、よく**the board**と呼びます。

Local company executives gathered at the conference.
地元企業の経営幹部がその会議に集まった。

0082 management [mǽnidʒmənt]

名 経営陣；経営

＊「経営」だけでなく、「経営陣」の意味で使うことに注意。

Management issued a statement this morning.

経営陣は今朝、声明を出した。

0083 board of directors

取締役会

＊the boardと略される。

We'll submit the proposal to the board of directors.

我々は取締役会にその企画を提出します。

0084 supervisor [súːpərvàizər]

名 上司；管理者

＊「上司」はbossやsuperiorも使う。

Mr. Smith is my immediate supervisor.

スミスさんは私の直属の上司です。

0085 subordinate [səbɔ́ːrdinət]

名 部下 形 下位の

＊形容詞としても使い、subordinate staffでも同じ意味。

Aya has fifteen subordinates.

アヤには15人の部下がいる。

0086 former [fɔ́ːrmər]

形 元の；前任の

＊current / incumbent「現職の」

I asked my former boss to provide a reference.

私は元上司に推薦状を出してくれるよう頼んだ。

0087

founder [fáundər]

名 創業者

＊動詞foundは「(会社を) 設立する」。co-founder「共同創業者」

Miranda Tellman is the founder and chairperson of the trading firm.

ミランダ・テルマンはその商社の創業者兼会長である。

0088

entrepreneur [ɑ̀:ntrəprənə́:r]

名 起業家；企業家

＊自分でリスクを取って起業したり、会社を経営したりする人を指す。

A famous entrepreneur supports the startup financially.

有名な起業家がその新興企業を財務的に支援している。

0089

headquarters [hédkwɔ̀:rtərz]

! 動詞の用法にも注意

名 本社

＊動詞で使って、be headquartered in Aで「Aに本社を置く」。

Monthly meetings are held at the headquarters.

月次の会議は本社で行われる。

0090

be located in

! 立地を示す必須表現

～に置かれている

＊建物などの所在を示す。動詞locateは「置く；位置づける」の意味。

Our head office is located in Osaka.

当社の本社は大阪にあります。

0091

be based in

～に本社[拠点]がある

＊本社の立地を示す表現。動詞baseは「拠点を置く」。

The IT giant is based in Seoul.

そのIT大手はソウルに本社がある。

0092 **branch** [brǽntʃ]

名 支社

＊branchの原意は「枝」で、枝分かれした会社の一つというイメージ。

The Los Angeles branch is the newest one.
ロサンゼルス支社が最も新しい支社です。

0093 **subsidiary** [səbsídièri]

名 子会社

＊subsidy「補助金」と似ているので混同しないように。

We have three subsidiaries in China.
当社は中国に3つの子会社を持っている。

0094 **corporate** [kɔ́ːrpərət]

形 会社の；企業の

名 corporation「会社」

The word "harmony" expresses our corporate culture.
「調和」という言葉が我々の企業文化を表している。

0095 **firm** [fə́ːrm]

! 意外によく使う

名 会社

類 company / business「会社」

She works in a famous electronics firm.
彼女は有名な電子機器会社で働いている。

0096 **establish** [istǽbliʃ]

動 設立する

＊form、start、foundも「設立する」の意味で使う。

The president established this company in 1990.
社長はこの会社を1990年に設立した。

7 銀行・お金

TRACK 7

「balance＝残高」、お金の表現に馴染もう

0097

□
□

balance [bǽləns]

名 残高

balanceには「均衡；バランス」の意味がありますが、お金の世界では「残高」で、TOEICではこの意味でよく使われます。bank balanceで「銀行残高」、credit card balanceで「クレジットカード残高」です。**outstanding**「未払いの」と組み合わさると、outstanding balance「未払い残高」となります。

銀行にお金を「預ける」は**deposit**を使い、お金を「引き出す」は**withdraw**です。「送金する」には**remit**か**transfer**を使います。

「銀行口座明細」は**bank statement**、「預金通帳」は**passbook**、「(銀行での) 取引」は**transaction**を使います。

My bank balance greatly decreased during the holiday season.
私の銀行残高は休暇シーズンのうちに大きく減少した。

0098

deposit [dipázət]

動 預ける　名 預金；デポジット

＊ deposit money「預金する」、deposit one's baggage「荷物を預ける」

You can deposit checks using our mobile app.
お客様は当社のモバイル・アプリを使って小切手を預金できます。

0099

withdraw [wiðdrɔ́ː]

動 引き出す；撤回する

名 withdrawal「引き出し；撤回」

I withdrew some money at an ATM before meeting her.
私は彼女に会う前にATMでお金を引き出した。

0100

savings account

普通預金口座

＊ checking [check] account「当座預金口座」

I'd like to open a savings account here.
ここに普通預金口座を開きたいのですが。

0101

statement [stéitmənt]

! 「声明」の意味でも使う

名 取引明細書

動 state「述べる」

You are recommended to switch from paper to online statements.
紙の明細書からオンラインの明細書に切り替えていただくことを推奨します。

0102

remit [rimít]

! transferも使える

動 送金する

名 remittance「送金」

Miriam remitted half of her salary to her family.
ミリアムは給与の半分を家族に送金した。

0103 □□

transaction [trænzǽkʃən]

名 取引

＊人の「交流」や業務の「処理」の意味もある。

How do I check my credit card transactions?
どうやって自分のクレジットカード取引を確認するのですか。

0104 □□

currency [kə́ːrənsi]

名 通貨

関 bill「紙幣」、coin「硬貨」、cryptocurrency「暗号通貨」

I bought the local currency at the airport.
私は空港で地元の通貨を買いました。

0105 □□

budget [bʌ́dʒət]

! 形容詞の用法に注意

名 予算　形 格安の

＊on budget「予算内で」、a budget airline「格安航空会社」

We spent half of the yearly budget in the first quarter.
我々は最初の四半期で年間予算の半分を使ってしまった。

0106 □□

fund [fʌ́nd]

名 資金　動 資金提供する

＊raise funds / fundraise「資金を調達する」

Crowdfunding is one of the ways to raise funds for your business idea.
クラウドファンディングは、あなたの事業のアイデアに資金を調達する方法の一つだ。

0107 □□

invest [invést]

動 投資する

名 investment「投資」　investor「投資家」

It's a good time to invest in property in Japan.
日本の不動産に投資するのにいい時期だ。

0108

deduct [didʌ́kt]

動 控除する；天引きする

名 deduction「控除」

Health insurance is deducted from your monthly salary.

健康保険料はあなたの月給から天引きされています。

0109

owe [óu]

動 支払い義務がある；恩義がある

＊owe A B = owe B to A「AにBの支払い義務がある」

We still owe 10 million yen on our apartment.

私たちは自分たちのマンションにまだ1千万円の支払残高がある。

0110

tax return

! このreturnは「申告」の意味

納税申告

＊「還付金」ではないので注意。

Tax returns must be filed by May 31.

納税申告は5月31日までに行わなければならない。

0111

change [tʃéindʒ]

! 「おつり」の意味も

名 小銭

＊small changeでも同じ意味。

I'm sorry, I don't have small change.

すみませんが、小銭がありません。

0112

outstanding [àutstǽndiŋ]

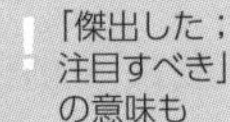

形 未払いの

類 overdue「支払期限が過ぎた」

Your current outstanding balance is 1,340 euros.

お客様の現在の未払い残高は1340ユーロです。

8 経理・支払い

TRACK 8

「収入」「利益」の正確な意味をつかもう

0113

profit [prάfət]

名 利益

形 profitable「利益のあがる」

企業の業績の構造は簡単に示すと、「収入」－「経費」＝「利益・損失」となっています。英語に直すと、「**revenues**」－「**expenses/costs**」＝「**profits/losses**」です。revenuesは入ってくる収入すべてのことで、**dividends**「配当金」や**interests**「金利」なども含まれ、**sales**「売り上げ」とは必ずしも一致しません。

人件費などは日本語で「一般管理費」と言いますが、英語では**overhead (costs)**です。

make profits「利益をあげる」、report [post] profits [losses]「利益［損失］を計上する」という表現も知っておきましょう。

The company made profits of over 10 million dollars.
その会社は１千万ドル以上の利益をあげた。

0114

revenue [révənjùː]

名 収入

＊annual revenues「年収」

We could meet our revenue target for the year.
我々は年間の収入目標を達成できた。

0115

earnings [ə́ːrniŋz]

! 通例、複数で使う

名 利益

＊profitのこと。個人の「収入(income)」の意味でも使う。

The company's earnings have risen by 8% in the second quarter.
会社の利益は第2四半期には8%上昇した。

0116

capital [kǽpətəl]

名 資本(金)

＊企業活動の元手となるお金のこと。「首都」の意味でも使う。

The startup is struggling to raise enough capital.
その新興企業は十分な資本を調達するのに苦戦している。

0117

expense [ikspéns]

名 経費

＊cost や expenditure も使う。

Each employee should make a list of his or her expenses.
社員全員が経費のリストを作成すべきだ。

0118

spending [spéndiŋ]

名 支出

＊主に政府・企業の支出に使う。 動 spend「お金を使う」

The only solution is to cut spending.
唯一の解決策は支出の削減だ。

0119 □□

accounting [əkáuntiŋ]

名 会計；経理

＊accountant「会計士；経理担当者」

We follow international accounting standards.
当社は国際的な会計基準に従っています。

0120 □□

break even

損益分岐点に達する

＊収支とんとんの売上額になること。

It needs 300 subscribers a day to break even.
損益分岐点に達するには1日300人の登録者が必要だ。

0121 □□

invoice [ínvɔis]

名 請求明細書；インボイス

＊issue an invoice「請求明細書を発行する」

The invoice is included with the merchandise.
請求明細書は商品に同梱されています。

0122 □□

bill [bíl]

! 名詞・動詞の両方で使う

動 請求する 名 請求書

＊an electricity bill「電気の請求書」

Please enter your billing and delivery addresses.
お客様の請求先住所と配送先住所を入力してください。

0123 □□

charge [tʃɑ́:rdʒ]

! 「非難する」「充電する」の意味も

動 請求する 名 料金

＊free of charge「無料で」

Please charge this to my room.
これは私の部屋に請求してください。

0124
amount [əmáunt]

名 金額；量

類 sum「金額；合計」

We must pay the full amount in advance.
私たちは全額を前もって支払わなければならない。

0125
check [tʃék]

名 勘定書

＊Check, please.「お勘定をお願いします」は決まり文句。

I think the amount on the check is incorrect.
勘定書の金額が間違っているようです。

0126
quote [kwóut]

！「引用（する）」の意味もある

名 見積書

＊quotationやestimateも同意。

You can download your quote as a pdf file.
お客様の見積書はpdfファイルとしてダウンロードできます。

0127
due [djúː]

形 支払うべき；期限が来て

＊due date「締め切り」、be due to do「～する予定である」

The total amount due this month is 112,300 yen.
今月の支払額は11万2300円です。

0128
installment [instɔ́ːlmənt]

名 分割払い（の1回分）

＊one lump sum (payment)「一括払い」

You can pay by installments.
分割払いも可能です。

9 イベント・社交

授賞パーティーなど、頻出テーマの単語を覚えよう

0129 □□ **reception** [risépʃən]

名 歓迎会；公式の宴会

receptionには「受付」「評判」などの意味もありますが、TOEICでは「歓迎会；公式の宴会」の意味でよく出てきます。日本語で「レセプション」という言い方も定着してきた感もありますが、知らないと戸惑ってしまう単語です。a wedding receptionなら「結婚披露宴」、an awards receptionなら「授賞パーティー」のことです。

banquetも「宴会；晩餐会」の意味で、ほぼ同じように使います。

galaは「特別な催し」の意味で、a gala partyやa gala banquetのように使います。

I'm invited to their wedding reception.
私は彼らの結婚披露宴に招待されている。

0130
keynote [kíːnòut]

! 会議・イベントで頻出

名 基調；主旨

＊a keynote address「基調スピーチ」、a keynote speaker「基調講演者」

Actor Peter Goldberg is scheduled to deliver a keynote address.

男優のピーター・ゴールドバーグが基調スピーチをする予定だ。

0131
attire [ətáiər]

名 服装；特別な衣装

＊パーティーで服装指定をするときに使う。

The invitation suggests formal attire.

招待状は正装を推奨している。

0132
anniversary [æ̀nivə́ːrsəri]

名 記念日

＊ビジネスでは会社の「創立記念日」としてよく使う。

We'll celebrate the company's 50th anniversary on March 3.

私たちは3月3日に会社の50回目の創立記念日を祝います。

0133
award [əwɔ́ːrd]

名 賞　動 授与する

名 awardee「受賞者」

An awards ceremony starts at 6 o'clock.

授賞式は6時から始まります。

0134
venue [vénjuː]

名 開催場所；会場

＊イベントやコンサートなどの「開催場所」を指す言葉。

The venue for the party is at the new wing of the Continental Hotel.

パーティーの会場はコンチネンタル・ホテルの新館です。

0135 □ □

gala [géilə]

名 特別な催し；祭典

＊公演やエンターテインメントのある催しのこと。

A Christmas gala dinner will be held at the Oriental Hotel.
クリスマスの特別ディナーがオリエンタル・ホテルで開催される。

0136 □ □

RSVP (Répondez s'il vous plaît.)

！英語で Please reply.

動 お返事ください

＊フランス語。招待への返事を求める表現。

Please RSVP to the reception before June 12.
その晩餐会への出欠の返事を6月12日までにお願いします。

0137 □ □

invitation [invitéiʃən]

名 招待；招待状

＊extend an invitation「招待する」 動 invite「招待する」

Darryl has accepted the invitation to the party.
ダリルはそのパーティーへの招待を受けた。

0138 □ □

occasion [əkéiʒən]

名 行事；機会

形 occasional「時々の」

I wear a suit only on special occasions.
私は特別な行事のときにしかスーツを着ない。

0139 □ □

gathering [gǽðəriŋ]

名 集まり；集会

動 gather「集まる」

The city organized a gathering of local business leaders.
市は地元の経営者たちの集まりを主催した。

0140 **fundraiser** [fʌ́ndrèizər]

[名] 資金集めのイベント

＊「資金調達者」の意味もある。raise a fund「資金を調達する」

The CEO attended four fundraisers last month.
CEOは先月、4つの資金集めのイベントに出席した。

0141 **celebrate** [séləbrèit]

[動] 祝う；挙行する

[名] celebration「祝典」 [形] celebrated「名高い」

The Dolls' Festival has been celebrated in Japan for centuries.
雛祭りは日本で何世紀にもわたって行われてきた。

0142 **participate** [pɑːrtísipèit]

! 前置詞はinを使う

[動] 参加する

＊participate in A「Aに参加する」 [名] participation「参加」

All employees are encouraged to participate in a company picnic.
社員の皆さんには会社のピクニックへのご参加をお願いします。

0143 **mingle** [míŋgl]

! 原意は「混ざる」「混ぜる」

[動] 交流する

＊mingle with A「Aと交流する」

I mingled with many attendees at the networking event.
私は交流会で多くの出席者と交流した。

0144 **encounter** [inkáuntər]

[動] 偶然出会う [名] 出会い

㊐run into「〜に偶然出会う」

I encountered my former colleague at a café.
私はカフェで元同僚に偶然出会った。

DAY 3

10 電話・ネット

TRACK 10

動詞を使いこなせば意思疎通もスムーズになる

0145 □□

contact [kάntækt]

動 連絡する
名 連絡先；コネ

contactは「接触する」という意味の動詞ですが、ビジネスでは電話・メールなどで「連絡を取る」という意味で頻繁に使います。If necessary, please contact me.なら「必要なら、連絡してください」です。

同様に**reach**も「～に達する」という意味から、「(電話で) 連絡を取る」のによく使います。You may reach me at 3344-6789.で「3344-6789で私につながります」となります。

なお、contactは名詞で使って、「連絡先」「コネ；つて」の意味があります。business contactsは「仕事のつて」のことです。

Please feel free to contact me if you have any questions.
何かご質問がありましたら、ご遠慮なく連絡してください。

0146

hesitate [hézitèit]

例文の文型で覚えよう

動 ためらう

＊don't hesitate to do「遠慮なく～する」

Please don't hesitate to call us anytime.
いつでもご遠慮なく私どもにお電話ください。

0147

reach [ríːtʃ]

動 連絡する；～に達する

＊reach for the item「商品に手を伸ばす」は、Part 1の必須表現。

You can probably reach her on her mobile.
携帯で彼女につながるでしょう。

0148

connect [kənékt]

動 つなぐ；接続する

＊代表電話にかけて、つないでもらうときに使う。

Could you connect me with Accounting, please?
経理部につないでもらえませんか。

0149

get back to

～に後で連絡する

＊「折り返し電話する」ならcall backも使える。

Can I get back to you on that?
その件については、後で連絡することでよろしいですか。

0150

extension [iksténʃən]

名 内線

＊extend「伸ばす」の名詞形で、電話の「内線」の意味で使う。

Please call extension 213 to reach the sales department.
内線213にお電話いただければ、販売部につながります。

0151

hold [hóuld]

動 (電話を)切らずに待つ

＊hang up「電話を切る」

Please hold the line while I transfer your call.
おつなぎしますので、そのままお待ちください。

0152

voicemail [vɔ́ismèil]

! voice mailと2語でも使う

名 音声メッセージ

＊leave a voicemail「音声メッセージを残す」

I called him twice and left a voicemail.
彼には2度電話して、音声メッセージを残しました。

0153

attach [ətǽtʃ]

! 「付ける」が原意

動 添付する

名 attachment「添付ファイル」

Please find the estimate attached.
見積書を添付しますのでご確認ください。

0154

reply [riplái]

名 返信　動 返信する

＊reply to A「Aに返信する」

I sent my reply by e-mail this morning.
今朝、メールで返信を送りました。

0155

forward [fɔ́ːrwərd]

動 転送する

関 send「送信する」、receive「受信する」

I'll forward this mail to all the members.
このメールをメンバー全員に転送します。

0156

enclose [inklóuz]

動 同封する

名 enclosure「同封物」

Enclosed is the product catalog you requested.
ご要望の製品カタログを同封いたします。

0157

registered [rédʒistərd]

形 書留の

関 express「速達(の)」

You'd better send the document by registered mail.
その書類は書留郵便で送ったほうがいい。

0158

disregard [disrigá:rd]

動 無視する

類 ignore「無視する」

Please disregard this notice if you have already paid.
もしすでに支払いをお済ませでしたら、この通知は無視してください。

0159

regarding [rigá:rdiŋ]

! メールの必須前置詞

前 ～について

＊話題の導入に用いる。

Regarding your inquiry, I've attached the price list.
お問い合わせにつきまして、価格リストを添付しました。

0160

concern [kənsə́:rn]

! 例の表現は頻出

動 関係する

＊下記は、メールやレターを出すときに、相手の名前がわからない場合に使う。

To whom it may concern
ご担当者様

0161
upgrade [ʌ̀pgréid]

動 アップグレードする；向上させる

＊upgrade a hotel room「ホテルの部屋を格上げする」

The OS needs to be upgraded to use this software.
このソフトを使うにはOSをアップグレードする必要があります。

0162
navigate [nǽvigèit]

動 閲覧する

＊「操縦する」「航行する」の意味もある。

Our website is simple and easy to navigate.
私たちのウェブサイトはシンプルで、閲覧しやすい。

0163
text [tékst]

! 動詞でも使う

動 テキストメッセージを送る

＊Googleも動詞で「検索する」「ググる」の意味で使える。

Text me when you arrive at the airport.
空港に着いたら、テキストメッセージを送ってください。

0164
post [póust]

動 投稿する

＊「(手紙を) 投函する」「最新状況を報告する」の意味も重要。

I'll post these photos of the Little Mermaid and us on Instagram.
人魚姫と私たちの写真をインスタグラムにアップするよ。

0165
sync [síŋk]

! synchronize の略記

動 同期させる

＊「同時に起こるようにする」が元の意味。

My phone is synced with my PC.
私の電話はパソコンと同期させている。

0166 **activate** [ǽktivèit]

動 起動する

名 activation「起動」

You need to connect to a Wi-Fi network to activate your device.
あなたの機器を起動させるには、ワイファイに接続する必要があります。

0167 **retrieve** [ritríːv]

! 「取り戻す」の意味も

動 検索する

名 retrieval「検索」

I managed to retrieve the necessary information from the database.
私はデータベースから必要な情報を何とか検索できた。

0168 **hook up**

～を接続する

＊「仲間になる」「手を組む」の意味でも使う。

I've hooked up all my devices to the Wi-Fi network.
私はすべてのデバイスをワイファイに接続した。

11 職業・産業

仕事の種類は設問の選択肢に並んで出る

0169 □□ **landscaper** [lǽndskèipər]

名 造園師

名 動 landscape「風景」「造園する」

職業にはさまざまなものがありますが、その英語名は馴染みのないものが多いと思います。TOEICでは設問の選択肢に職業が並ぶことがあるので、基本的なものを押さえておきましょう。landscapeは「風景」ですが、動詞で「造園する」の意味があり、**landscaper**という職業は「造園師」のことです。

他に注意したいのは、**plumber**「配管工；水道工事業者」、**librarian**「図書館司書」、**mechanic**「修理工」、**physician**「医師」、**pharmacist**「薬剤師」、**florist**「花屋」、**caterer**「仕出し屋」などです。

The landscaper mowed the grass and trimmed the trees on the patio.
造園師が中庭の芝生を刈って、樹木の剪定をしてくれた。

0170 architect [ɑ́:rkitèkt]

名 建築家

名 architecture「建築」

The stadium was designed by a noted architect.
そのスタジアムは有名な建築家によって設計された。

0171 receptionist [risépʃənist]

名 受付係

＊reception desk「受付」

The first impression of the company is decided by a receptionist's greeting.
会社の第一印象は受付係のあいさつで決まる。

0172 mechanic [mikǽnik]

! 頻出の職業

名 機械工；修理工

類 technician「技術者」、serviceman「修理工」

Our mechanic will come to your home to service your car.
当社の機械工がお客様のご自宅におうかがいして車を修理します。

0173 curator [kjuréitər]

名 学芸員；キュレーター

＊美術館・博物館で作品の収集・管理・研究をする人を指す。

She is Curator of Ukiyo-e at the National Museum.
彼女は国立美術館の浮世絵担当の学芸員です。

0174 plumber [plʌ́mər]

! plumbは「奥まで探る」の意味

名 配管工

＊水道管などが詰まったときに呼ぶ。

The pipe seems to be clogged, so I'll call a plumber.
水道管が詰まっているようなので、配管工を呼ぶよ。

0175 □ □ **vendor** [véndər]

名 （街頭の）物売り

＊「販売会社；ベンダー」の意味でも使う。

I bought this cap from a street vendor.
私はこのキャップを露天商から買いました。

0176 □ □ **custodian** [kʌstóudiən]

名 管理人；守衛

関 security guard「保安員」

It was a custodian at the building who noticed the fire.
火災に気づいたのはビルの管理人だった。

0177 □ □ **industrial** [indʌ́striəl]

! industrious と区別しよう

形 産業の；工業の

＊ industrious だと「勤勉な」の意味になるので注意。

The country mainly exports industrial products.
その国は主に工業製品を輸出している。

0178 □ □ **agricultural** [æ̀grikʌ́ltʃərəl]

形 農業の

名 agriculture「農業」

Vast agricultural land has been developed for housing.
広大な農地が住宅のために開発されている。

0179 □ □ **automobile** [ɔ́:təmoubì:l]

名 自動車

＊ the automobile industry「自動車産業」

Employment in the city depends on the automobile industry.
その市の雇用は自動車産業に依存している。

0180

aviation [èiviéiʃən]

名 航空

類 aerospace「航空宇宙」

Demands for smaller planes increased among aviation companies.

航空会社の間では小型機への需要が増えた。

0181

pharmaceutical [fɑ̀:rməsú:tikəl]

形 製薬の

＊名詞としてpharmaceuticalsと複数で「製薬会社」。

The pharmaceutical giant intends to enter the Asian market.

その製薬大手はアジア市場への参入を画策している。

0182

broadcasting [brɔ́:dkæ̀stiŋ]

名 放送

＊ mass media「マスコミ」

Janie hopes to pursue her career in TV broadcasting.

ジェニーはテレビ放送界で仕事を追求したいと望んでいる。

0183

publishing [pʌ́bliʃiŋ]

名 出版

＊ a publishing house [company]「出版社」

His new novel was released by a new publishing house.

彼の新しい小説は新しい出版社から発売された。

0184

mining [máiniŋ]

名 鉱山業；採鉱

動 mine「採掘する」 名 miner「鉱夫」

Mining engineers are now evaluating the metal deposits.

鉱山技師が今、その金属鉱床の評価をしているところだ。

12 組織・団体

組織にはさまざまな表現がある

0185

institute [ínstitjù:t]

名 研究所；協会

instituteは動詞で「制定する」の意味で使いますが、名詞として「研究所；協会」の意味があります。a research instituteで「研究所」です。**institution**とすると「組織；機構」となります。

chamberは「部屋」が基本的な意味ですが、「会議所；会館」でも使い、a chamber of commerce「商業会議所」はビジネスの話題でよく登場する団体です。

panelは「制御板」「羽目板」の意味で使いますが、「専門家集団；委員会」の意味もあり、an interview panelなら「面接委員会」のことです。

The research institute specializes in bioscience.
その研究所は生物科学を専門としている。

0186
organization [ɔːrgənəzéiʃən]

名 組織；団体

動 organize「組織する；準備する」

The charitable organization plans to host a series of fundraising events.
その慈善団体は一連の資金集めのイベントを行う計画だ。

0187
committee [kəmíti]

名 委員会

類 council「評議会；議会」

The finance committee controls the museum's budgets.
財務委員会がその博物館の予算を管理している。

0188
chamber [tʃéimbər]

! 「部屋」が原意

名 会議所

＊chamber of commerce「商業会議所」

The chamber of commerce supports the development plan.
商業会議所はその開発計画を支持している。

0189
bureau [bjúərou]

名 部局；案内所

＊「整理だんす」の意味でも使う。

The City Travel Bureau has seven offices across the city.
市の観光局は街中に7カ所のオフィスを持っている。

0190
foundation [faundéiʃən]

名 財団；基金

＊「基礎」「論拠」という意味でも使う。

The foundation funds several art festivals every year.
その財団は毎年、数件の美術フェスティバルを資金支援している。

0191 □ □
consortium [kənsɔ́ːrʃiəm]

名 企業連合；コンソーシアム

＊conglomerate「複合企業；コングロマリット」も覚えておこう。

We bid for a new bridge as a consortium.
我々は企業連合として、新しい橋への入札を行った。

0192 □ □
panel [pǽnəl]

名 専門家集団；委員会

＊「制御板」「羽目板」の意味もある。

A panel of experts is reviewing the planned tram system.
専門家集団が計画中の市街電車システムを検討している。

Learn More 1

〈動詞＋名詞〉のコロケーション

- □ **cast a shadow** 影を投げかける
- □ **conduct a survey** 調査をする
- □ **deliver an address** 演説をする
- □ **earn a reputation** 評判を得る
- □ **meet a requirement** 要請を満たす
- □ **miss a deadline** 締め切りに間に合わない
- □ **place an order** 注文する
- □ **play a role** 役割を果たす

Learn More
2

学問の単語

- □ **archaeology** 考古学
- □ **astronomy** 天文学
- □ **biology** 生物学
- □ **economics** 経済学
- □ **finance** 財政学
- □ **genetics** 遺伝学
- □ **geology** 地質学
- □ **liberal arts** 一般教養
- □ **linguistics** 言語学
- □ **medicine** 医学
- □ **philosophy** 哲学
- □ **physics** 物理学
- □ **psychology** 心理学
- □ **sociology** 社会学
- □ **statistics** 統計学

13 店舗と商品

お店はstoreやshopだけではない

0193 □□

location [loukéiʃən]

名 店；位置

動 locate「見つける；位置づける」

「店」はstoreやshopと言うばかりではありません。**location**は、原意は「位置；場所」ですが、「店」の意味でもよく使います。The company has a location in Tokyo.なら「その会社は東京に店舗を持っている」の意味です。**outlet**は「出口」が原意で、商品の出口として「小売店」の意味でも使います。「アウトレット店」の意味もありますが、「小売店」全般を指すことができます。

店の「商品」は**goods**が一般的な言い方ですが、フォーマルには**merchandise**と呼びます。merchandiseは集合名詞なので、不可算で使います。Part 1の写真問題にもよく出る単語です。店で商品を「売る」はsellのほかに**carry**も使うので覚えておきましょう。

I'll check if other locations have the item.
他の店にその商品があるかどうか確認してみます。

0194
outlet [áutlèt]

! 複数の意味に注意

名 小売店；直営店

＊「コンセント」「排気口」の意味でも使う。

The clothing company has retail outlets across Asia.
その衣料品会社はアジア中に小売店を持っている。

0195
grocery [gróusəri]

名 食料雑貨店；スーパー

＊grocery storeとも言う。複数のgroceriesで「食料雑貨」。

I buy food at a local grocery.
私は食品を地元の食料雑貨店で買っている。

0196
store clerk

店員

＊shop clerkも同意。

I'll go ask the store clerk.
店員さんに聞いてみるよ。

0197
fitting room

試着室

＊dressing [changing] roomとも言う。

Let us know when you use the fitting room.
試着室をご利用の際には私どもにお知らせください。

0198
offer [ɔ́:fər]

! discountだけではない

名 値引き

＊discount、dealなども「値引き」の意味で使う。

This offer is valid until the end of December.
この割引は12月末まで有効です。

0199 **bargain** [bá:rgin]

名 格安品；特売品

＊「売買契約」の意味もあり、動詞としては「商談する」。

You should wait another two weeks for bargain hunting.

格安品探しにはあと2週間待つべきだ。

0200 **mark down**

～を値下げする

反 mark up「～を値上げする」

All the items on these shelves have been marked down.

こちらの棚の商品はすべて値下げされています。

0201 **merchandise** [mə́:rtʃəndàis]

名 商品

＊集合名詞として使う。

The shopper is reaching for the merchandise.

買い物客が商品に手を伸ばしている。

0202 **goods** [gúdz]

! Part 1で要注意

名 商品

＊複数で、集合的に使う。

Electrical goods are downstairs in the basement.

電化製品は下の地階にあります。

0203 **line** [láin]

! TOEICではこの意味に要注

名 商品ライン

＊〈a line of 商品〉の形でよく使う。

A new line of sports shoes will be released next week.

スポーツシューズの新しい商品ラインは来週、発売される。

0204

carry [kǽri]

動 売っている；置いてある

＊sellと同様の意味で使う。

We carry a wide variety of household items.
当店は幅広い種類の家庭用品を販売しています。

0205

out of stock

! 在庫切れの場面はよく出る

在庫切れで

反 in stock「在庫があって」

This red sweater is out of stock.
この赤いセーターは在庫切れです。

0206

on back order

入荷待ちで

＊back-orderは動詞として「取り寄せ注文をする」。

It is now on back order.
それは今、入荷待ちです。

0207

inventory [ínvəntɔ̀ːri]

名 在庫（品）；商品リスト

＊take (an) inventory「在庫を調べる」

The store checks the inventory every Monday.
毎月曜日、その店は在庫を確認する。

0208

on sale

特価で；販売されて

＊2つの意味がある。for saleは「売り出し中の」。

All the spring-summer items are now on sale.
すべての春夏商品は目下、セール中です。

14 ショッピング

purchase、sign up forなど、定型的な表現が重要である

0209

purchase [pə́ːrtʃəs]

動 購入する
名 購入(品)

「買う」の一般的な言い方はbuyですが、ビジネスでは改まった言い方である**purchase**をよく使います。purchaseは名詞も同形で「購入」。注意したいのは「購入品」という意味でも使えることです。ship the purchaseなら「購入品を発送する」です。

shopは「店」の意味ですが、動詞として使えば「買い物をする」です。**shopper**は「買い物客」のこと、**shopping spree**と言えば「爆買い」のことです。

ネットで買い物をするのは日常生活の一部となりましたが、online store「オンラインストア」にまず登録する必要があります。「～に登録する」には**sign up for**を使います。sign up for a store「店に登録する」。**register for**という表現もよく使うので、両方を覚えておきましょう。

I purchased a new car online.
私は新車をネットで購入した。

0210
browse [bráuz]

動 見て回る

＊「拾い読みする」「ネットで閲覧する」の意味もある。

I'm just browsing, thank you.
見ているだけです、ありがとう。

0211
apparel [əpǽrəl]

! 衣料品の総称に使う

名 衣料品

＊ clothesやclothingも同意。

I work in the apparel industry.
私は衣料品業界で働いています。

0212
try on

! Part 1の頻出表現

～を試着する

＊ fit onとも言う。

May I try this on?
これを試着してもいいですか。

0213
loyalty [lɔ́iəlti]

名 愛顧；忠誠

＊ a loyalty card「お客様カード」、brand loyalty「ブランドの愛顧」

You can earn points and rewards with our loyalty card.
当社のお客様カードでポイントや特典が得られます。

0214
patronage [péitrənidʒ]

名 ひいき；愛顧

動 patronize「ひいきにする；常連客である」

Thank you for your continued patronage.
いつもごひいきいただきありがとうございます。

0215

□
□

cashier [kæʃíər]

[名] 会計係；レジ係

＊cash register「レジの機械」

Please pay the cashier.

代金はレジ係にお支払いください。

0216

□
□

sign up for

～に登録する

＊sign in「～にサインして入る」

Signing up for a Net Space account is easy!

ネットスペースのアカウントへの登録は簡単です！

0217

□
□

subscribe to

! 前置詞は toを使う

～に登録する；～を定期購読する

[名] subscription「登録；定期購読」

I subscribe to three online magazines.

私はオンライン・マガジンを３誌購読しています。

0218

□
□

app [ǽp]

! 英語ではアプリではない

[名] アプリ

＊applicationの短縮形。

Browse or search for the apps that you want to download.

ダウンロードしたいアプリをブラウズして探してください。

0219

□
□

checkout [tʃékàut]

[名] 支払い

＊動詞句check outで「支払いをする；(ホテルで)チェックアウトする」。

Proceed to checkout.

支払いに進んでください。

0220

payment method

ネットショッピングの必須語

支払い方法

＊credit cards、bank transfers「銀行送金」、PayPalなどを選ぶ。

Choose your preferred payment method.
お好きな支払い方法を選んでください。

0221

ship [ʃíp]

動詞の用法はTOEIC頻出

動 発送する；出荷する

名 shipment「発送；発送品」

Your purchase was shipped this morning.
お客様の購入品は今朝、発送されました。

0222

review [rivjúː]

名 批評；レビュー 動 批評する

＊「調査」「検討」「復習」の意味でも使う。

I've checked a lot of reviews of the product.
その製品のレビューをたくさんチェックしました。

0223

status [stéitəs]

名 状況

＊order status「注文状況」、delivery status「配送状況」

You can check your order status by entering the tracking number.
追跡番号を入力することによってお客様の注文状況を確認できます。

0224

brick-and-click [brìk-ənd-klík]

形 店舗・オンライン併用の

＊click-and-mortarは逆で「オンライン・店舗併用の」。

More and more retailers have adopted a brick-and-click model.
ますます多くの小売業者が店舗・オンライン併用モデルを採用している。

15 アフターサービス・配送

TRACK 15

返品・返金・交換は3点セットで覚えよう

0225 □□

refund [ríːfʌnd]

名 返金

動 返金する [rifʌ́nd]

ショッピングでは、「返品」「返金」「交換」はアフターサービス (after-sales service) の3点セットです。特にオンライン・ショッピングではこうしたアフターサービスがないと安心できませんね。英語で「返品」は**return**、「返金」は**refund**、「交換」は**exchange**で、いずれも名詞でも動詞でも使えます。なお、「返金する」には**pay back**や、少し難しい単語で**reimburse**も使えます。

「保証(書)」は**guarantee**または**warranty**と言います。five-year guarantee [warranty]なら「5年間保証」、under guarantee [warranty]で「保証期間中の」の意味です。

They gave me a full refund.
彼らは私に全額を返金してくれた。

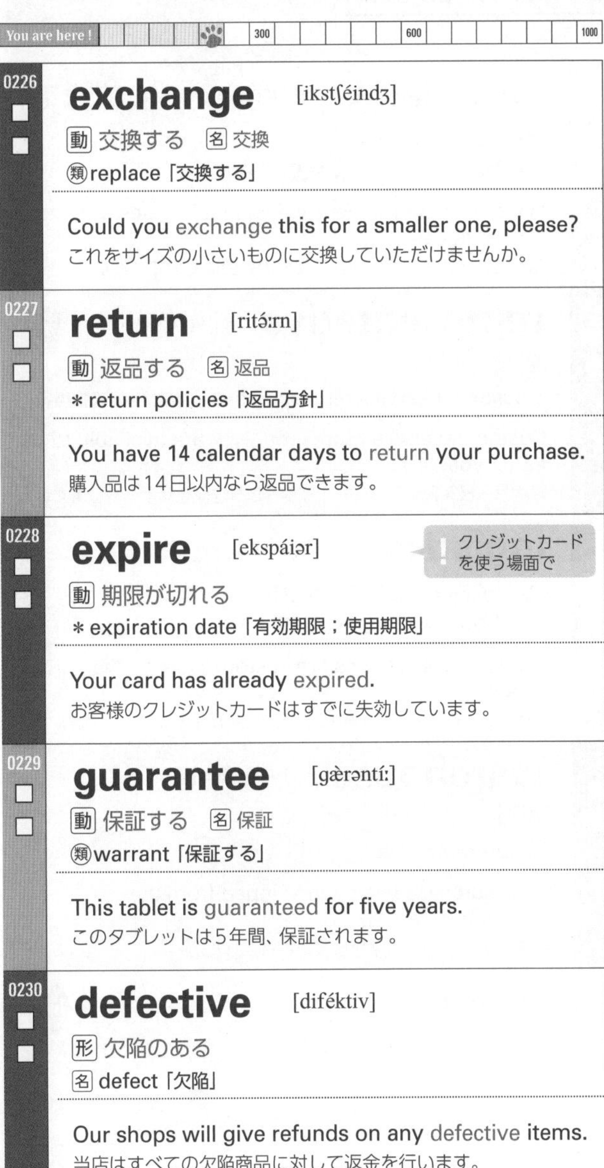

0226 **exchange** [ikstʃéindʒ]

動 交換する 名 交換

類 replace「交換する」

Could you exchange this for a smaller one, please?
これをサイズの小さいものに交換していただけませんか。

0227 **return** [ritə́ːrn]

動 返品する 名 返品

* return policies「返品方針」

You have 14 calendar days to return your purchase.
購入品は14日以内なら返品できます。

0228 **expire** [ekspáiər]

! クレジットカードを使う場面で

動 期限が切れる

* expiration date「有効期限；使用期限」

Your card has already expired.
お客様のクレジットカードはすでに失効しています。

0229 **guarantee** [gæ̀rəntíː]

動 保証する 名 保証

類 warrant「保証する」

This tablet is guaranteed for five years.
このタブレットは5年間、保証されます。

0230 **defective** [diféktiv]

形 欠陥のある

名 defect「欠陥」

Our shops will give refunds on any defective items.
当店はすべての欠陥商品に対して返金を行います。

0231 □ □

complaint [kəmpléint]

カタカナと違うので注意

名 クレーム；苦情

＊英語のclaimは「要求；主張」の意味。

We turn customer complaints into business opportunities.

私たちはお客様のクレームを仕事の機会に変えています。

0232 □ □

representative [rèprizéntətiv]

名 担当者

＊customer service representative「顧客サービス担当者」

Customer service representatives are available to assist you 24/7.

顧客サービス担当者は24時間態勢でお客様をサポートします。

0233 □ □

logistics [loudʒístiks]

名 物流管理；ロジスティクス

＊物品の流れを最適化・一元管理すること。

Our logistics services are customizable to clients' needs.

我々の物流管理サービスは顧客のニーズに合わせてカスタマイズできます。

0234 □ □

warehouse [wéərhàus]

名 倉庫

類storeroom「倉庫」

Your purchase has been shipped from the warehouse.

お客様の購入品は倉庫から発送されました。

0235 □ □

courier [kə́ːriər]

名 宅配便；宅配業者

＊by courier「宅配便で」

I'll send the contract by courier.

契約書は宅配便で送ります。

0236

distribute [distríbjət]

動 流通させる；配送する

名 distributor「流通業者；販売会社」

The company is in charge of distributing our products in the EU.

その会社はEUでの当社製品の流通を担当している。

0237

fragile [frǽdʒəl]

! 荷物のシールで使う

形 壊れやすい

＊Handle with care.「取扱注意」と一緒に使うことも。

Wrap fragile items with bubble wrap.

ワレモノはプチプチでくるんでください。

0238

overnight [òuvərnáit]

副 一晩で；翌日に　形 一晩の；翌日の

＊stay overnight「一泊する」、overnight delivery「翌日配送」

The package will be delivered overnight.

荷物は翌日に届きます。

0239

load [lóud]

動 荷積みする　名 荷物

反 unload「荷下ろしする」

Boxes are being loaded onto the truck.

箱がトラックに荷積みされているところだ。

0240

freight [fréit]

名 貨物；運送

類 cargo「貨物」

The plane can carry freight as well as passengers.

その飛行機は乗客とともに貨物も運ぶことができる。

16 顧客

顧客調査の基本語は内容とともに覚えたい

0241 □ □

survey [sə́ːrvei]

名 調査；アンケート

動 調査する [sərvéi]

企業が製品・サービスを開発するには顧客ニーズの把握が欠かせません。顧客に対して行う「調査；アンケート」のことを**survey**と言います。名詞でも動詞でも使えます。conduct a surveyで「調査を行う」、survey customersで「顧客を調査する」です。

「アンケート」には**questionnaire**という言い方もあります。顧客からの「反応」は**response**や**feedback**です。

他に顧客のニーズを掴む方法として**focus group**「フォーカスグループ」があります。focus groupとは、会社が依頼して集めた顧客の小グループのことで、その会社の製品・サービスについて自由に意見を言ってもらい、聴取した顧客の意見をその後の開発や販売に活かすのです。

Please take a few minutes to complete our survey.
数分のお時間を取っていただき、私どものアンケートへの記入にご協力ください。

0242
questionnaire [kwèstʃənéər]

! surveyの言い換え語

名 アンケート；質問票

＊fill in [out] a questionnaire「アンケートに記入する」

Hotel guests were asked to fill in a simple questionnaire.
ホテルの宿泊客は簡単なアンケートに答えることを求められた。

0243
respondent [rispándənt]

名 回答者

動 respond「回答する；応答する」

Over 70% of the respondents said they feel satisfied.
70%以上の回答者が満足していると言った。

0244
customer [kʌ́stəmər]

! ホテルの客はguest

名 顧客

＊店や企業から商品・サービスを購入する客を指す。

The company has a large customer base.
その会社は幅広い顧客基盤を持っている。

0245
client [kláiənt]

名 顧客；クライアント

＊弁護士などの専門的なサービスを受ける顧客を指す。clienteleは集合名詞。

Our line of software is mainly for corporate clients.
当社のソフトの製品ラインは主に企業顧客向けのものです。

0246
audience [ɔ́:diəns]

名 聴衆

＊「広告の受け手」「読者」の意味でも使う。

The art seminar drew a large audience of businesspeople.
その美術セミナーには多くの会社員の聴衆が参加した。

0247 □ □

prospective [prəspéktiv]

形 見込みのある；可能性のある

類 potential「可能性のある」

We must reach as many prospective customers as possible.

私たちはできるだけ多くの見込み客にアクセスしなければならない。

0248 □ □

first-come, first-served

形 先着順の

＊ on a first-come, first-served basis「先着順の方式で」

Seating is available on a first-come, first-served basis.

座席は先着順に割り当てられます。

0249 □ □

focus group

! 内容も知っておこう

フォーカスグループ

＊ 製品・サービスに意見を言ってもらうための顧客の小グループのこと。

We plan to hold a series of focus group meetings.

私たちは一連のフォーカスグループ会議を予定している。

0250 □ □

attract [ətrǽkt]

動 引きつける

＊ appeal toも同様の意味で使える。

The new shopping mall attracted a lot of local people.

その新しいショッピングモールは多くの地元の人々を引きつけた。

0251 □ □

target [tά:rgət]

動 目標とする 名 目標

＊ a target market「目標とする市場」

Our new line of skirts mainly targets teens.

私たちのスカートの新ラインは主に十代を販売対象にしている。

0252 **segment** [ségmənt]

! 市場分析の必須語

名 区分；セグメント

＊a market segment「市場区分」

Let's analyze data with market segments.
データを市場区分で分析してみよう。

0253 **dominate** [dáminèit]

動 支配する

類 control「支配する」

Three major companies dominate the communications market.
大手3社が通信市場を支配している。

0254 **value** [vǽljuː]

動 尊重する　名 価値

＊a valued customer「価値あるお客様」

We value your candid feedback.
お客様の率直なご意見を尊重します。

0255 **preference** [préfərəns]

! prefer「より好む」の名詞形

名 嗜好

＊prefer A to B「BよりAを好む」

The customers at our shop have a preference for local brands.
当店のお客様は地元ブランドをひいきにしている。

0256 **exposure** [ikspóuʒər]

名 露出；触れること

＊exposure to a local culture「地元文化の体験」　動 expose「露出する」

More exposure is necessary for our new headset.
私たちの新しいヘッドホンにはもっと露出が必要だ。

DAY 6

17 マーケット

TRACK 17

市場を知ることからビジネスは始まる

0257

competitive [kəmpétətiv]

形 競争力のある；競合する

ゴルフコンペの「コンペ」というカタカナ語は、**competition**「競争」から来ています。この形容詞の**competitive**「競争力のある；競合する」はマーケティングをはじめ、ビジネス全般でとてもよく使う言葉です。a competitive productなら「競争力のある商品」、a competitive salaryなら「他社に負けない給与」です。

competitorは「競合会社」でrival (company)の意味です。また、competitionも「競合会社」の意味で使うことがあるのを知っておきましょう。動詞は**compete**「競争する」です。

We shouldn't enter this competitive market.
我々はこの競争の激しい市場に参入すべきではない。

0258

marketing [má:rkətiŋ]

! 内容を押さえておこう

名 マーケティング

＊販売戦略・市場調査・広告など、製品・サービスを市場に出すまでの一連の業務を指す。

What they came up with were unique marketing ideas.

彼らが考え出したのは独特のマーケティング案だった。

0259

demand [dimǽnd]

! supplyとセットで

名 需要 動 要求する

＊supply and demand「供給と需要」

There is a huge demand for the new product.

その新製品には大きな需要がある。

0260

consumer [kənsjú:mər]

名 消費者

動 consume「消費する」

The software can analyze consumer behavior in more detail.

このソフトは消費者の行動をより詳細に分析できる。

0261

gain [géin]

動 獲得する

＊gain [lose] a market share「マーケットシェアを獲得する[失う]」

The company gained a market share by slashing prices.

その会社は価格を引き下げてマーケットシェアを伸ばした。

0262

retail [rí:tèil]

! 「卸売りの」とセットで

形 小売りの 名 小売り

＊一般の消費者に商品を販売する業務・プロセスのこと。

We opened a new retail outlet downtown.

私たちは繁華街に新しい小売店を開設した。

0263
wholesale [hóulsèil]

形 卸売りの 名 卸売り

＊小売業者・店舗に大量に商品を売る業務・プロセスのこと。

Wholesale gas prices have declined by over 10%.
ガソリンの卸売価格は10%以上下がっている。

0264
demographic [dèməgrǽfik]

形 人口統計学的属性の 名 人口統計学的属性

＊年齢・職業・居住地・学歴などから分析した顧客の属性を指す。

We should consider demographic trends.
我々は人口統計学的な傾向も考慮に入れるべきだ。

0265
affordable [əfɔ́ːrdəbl]

形 手頃な価格の

動 afford「～する余裕がある」

It's difficult to find affordable housing in this city.
この都市で手頃な価格の家を見つけるのは難しい。

0266
luxurious [lʌgʒúəriəs]

形 高級な

＊luxuryは形容詞「高級な」、名詞「豪華」の両方で使える。

The CEO vacationed at a luxurious villa.
CEOは豪華な別荘で休暇を過ごした。

0267
top-end [tɔ́p-ènd]

形 最高級の

類 up-market「高所得層向けの」 反 bottom-end「最低価格帯の」

Ducasse is one of the top-end restaurants in town.
デュカスは街の最高級レストランの一つだ。

0268
upscale [ʌ̀pskéil]
形 高所得層向けの；高級な
反 downscale / down-market 「庶民向けの」

She always shops at upscale brand stores.
彼女はいつも高級ブランド店で買い物をする。

0269
niche [níːʃ]
! 日本語でニッチと言う
名 すき間　形 すき間の
＊nicheは元来、教会などにある聖像を置くための壁際の「へこみ」のこと。

The company spotted a niche in the market.
その会社は市場にすき間を見つけた。

0270
lucrative [lúːkrətiv]

形 儲かる
類 profitable 「利益のあがる」

Mr. Cale is running a lucrative business.
ケールさんは収益性の高い会社を経営している。

0271
general public
一般大衆；庶民
＊public単独やfolkも「大衆；庶民」の意味で使う。

Suzuka produces affordable cars for the general public.
スズカは一般大衆向けの手頃な価格の車を作っている。

0272
exclusive [iksklúːsiv]
名 高級な；独占的な
動 exclude 「排除する」

The president is a member of an exclusive club.
社長は高級クラブの会員である。

18 広告・宣伝

顧客にリーチするにはさまざまな手法がある

0273 □ □ **advertise** [ǽdvərtàiz]

動 広告する

名 advertisement「広告」

消費者に訴求する一般的な手法は広告です。「広告」は**advertisement**または略して**ad**と言います。動詞は**advertise**「広告する」です。「広告代理店」はadvertising [ad] agencyと呼びます。広告は今では新聞からネット、SNSまで多様化していますが、media「媒体」にかかわらず「広告を出す」はplace an adです。

ネットでは消費者に影響力を持っているブロガーなどは**influencer**「インフルエンサー」と呼ばれ、商品情報の拡散にも活躍します。企業が要請して商品を宣伝する有名人やアスリートなどは**ambassador**「アンバサダー」と呼ばれます。商品宣伝の「大使」ということですね。

It's better to advertise online to reach young consumers.
若い消費者に訴えかけるにはネットで広告するほうがいい。

0274
promotion [prəmóuʃən]
名 宣伝；プロモーション
動 promote「宣伝する」

The social media promotion was a success.
ソーシャルメディアのプロモーションは成功だった。

0275
prime time
! golden timeは和製英語
ゴールデンタイム
＊通例、午後8時から11時までの時間帯。

The final episode will be broadcast during prime time.
最終回はゴールデンタイムに放送される。

0276
circulation [sə̀:rkjəléiʃən]
名 発行部数
＊雑誌や新聞などの発行部数を指す。

The magazine has a weekly circulation of over 300,000.
その雑誌は毎週30万部以上の発行部数がある。

0277
edition [idíʃən]
名 （本・雑誌などの）版
動 edit「編集する」 名 editor「編集者；編集長」

The newspaper has three electronic editions in different languages.
その新聞は異なる言語で3種類の電子版を発行している。

0278
printer [príntər]
! もちろん、プリンターの意味も
名 印刷会社
＊printには「版画」の意味もある。

I'll ask the printer to shorten the schedule.
印刷会社にスケジュールを短縮するように頼みます。

0279

billboard [bílbɔ̀ːrd]

名 広告看板；ビルボード

＊屋外で広告を表示する大きな看板のこと。ネット上の広告枠にも使う。

A famous actress smiles on the billboard.

有名な女優が広告看板の上で微笑んでいる。

0280

viral [váiərəl]

! virus（ウイルス）の形容詞

形 拡散する

＊ネット・SNS上ですばやく拡散する情報を形容する。

The video went viral on YouTube.

その動画はユーチューブ上で拡散した。

0281

complimentary [kɑ̀mpləméntəri]

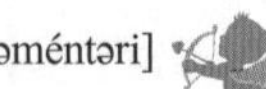

形 無料で提供される

＊freeやfree of chargeも「無料で」の意味。

There are two complimentary bottles of water in the room.

部屋には無料の水が2本置いてあります。

0282

beverage [bévəridʒ]

! complimentaryとよく一緒に出る

名 飲み物

＊水以外の飲み物を指す。

Please help yourself to the beverages and refreshments.

飲み物と軽食はご自由にお取りください。

0283

freebie [fríːbi]

形 無料の　名 景品；試供品

＊名詞では、宣伝のために無料で提供される試供品やチケットを指す。

The attendees were all given a freebie lunch.

参加者全員に無料のランチが提供された。

0284
demonstrate [démənstrèit]

動 実演(販売)する；示す

＊demonstrate that ～「～であることを示す」

The shop clerk demonstrated how to use the smart speaker.

店員がそのスマートスピーカーをどう使うかを実演した。

0285
celebrity [səlébrəti]

! セレブリティは英語も同じ

名 有名人

＊celebと略すことも。

We need some celebrities' recommendations.

私たちはだれか有名人の推薦が必要だ。

0286
testimonial [tèstimóuniəl]

名 推薦(文)

＊商品・サービスの広告では、専門家や使用経験者の推薦文を指す。

The ads for the lipstick feature testimonials from the users.

その口紅の広告は利用者の推薦文を載せている。

0287
influencer [ínfluənsər]

名 インフルエンサー

＊influence「影響を与える」＋ -er「人」＝「インフルエンサー」

Our campaign features popular bloggers and influencers.

私たちのキャンペーンは人気のあるブロガーやインフルエンサーを起用している。

0288
penetrate [pénətrèit]

動 参入する；浸透する

＊penetrate a market「市場に参入する」の表現でよく使う。

The company has successfully penetrated the Indian car market.

その会社はインドの自動車市場に成功裏に参入した。

19 会議・議論

会議には決まった言葉が使われる

0289 □□ **agenda** [ədʒéndə]

名 議題リスト；検討課題

会議には固有の表現がいくつかあります。代表例は**agenda**です。「議題リスト (a list of items)」のことで、会議で議論すべき項目の一覧を示します。個々の「議題」は**item**や**subject**、**topic**で表します。

handoutは、動詞句hand out「配る」の名詞形で、参加者に配られる「資料」を指します。「議事録」は**minutes**でtake the minutes「議事録を採る」の形でよく使います。最近では遠隔会議が行われることも多いので、それを反映して**conference call**「電話会議」や**videoconference**「テレビ会議」もよく登場します。

There are several items on the agenda today.
今日の議題リストにはいくつかの項目がある。

0290 **preside** [prizáid]

! 自動詞として使う

動 司会をする

＊preside over [at]「～の司会をする」

Bob will preside over today's meeting.
ボブが今日の会議の司会をする。

0291 **chair** [tʃéər]

! こちらは他動詞

動 司会をする　名 司会者

＊chair a meeting「会議の司会をする」

The board meeting was chaired by Sandra Walker.
取締役会議はサンドラ・ウォーカーが司会をした。

0292 **proposal** [prəpóuzəl]

! 結婚の「プロポーズ」の意味も

名 提案書；企画書

動 propose「提案する」

I'm preparing two different proposals for the meeting.
私は会議のために2つの異なった提案書を準備している。

0293 **attendee** [ətèndíː]

名 出席者

動 attend「出席する」

Let's use Meeting Room C because there are fourteen attendees.
出席者が14人いるので、会議室Cを使おう。

0294 **handout** [hǽndàut]

名 配付資料；プリント

＊動詞句のhand outは「配布する」。

Please look at the handout on your table.
テーブルの上のプリントをご覧ください。

0295 □□
minutes [mínəts]
! 動詞はtakeを使う
名 議事録
＊通例、theを付けて使う。

The secretary was asked to take the meeting minutes.
秘書は会議の議事録を採るように求められた。

0296 □□
conference call
電話会議
関 videoconference「テレビ会議」

The decision was made during a conference call with the president.
その決定は社長との電話会議でなされた。

0297 □□
discuss [diskʌ́s]
! 前置詞は不要
動 話し合う
＊他動詞なので直接、目的語を取ることに注意。

Let's discuss the matter over lunch.
昼食を取りながら、その件を話し合いましょう。

0298 □□
present [prizént]
動 発表する；提示する
名 presentation「発表；提示」

Kim will present the marketing plan at the meeting.
キムが会議で販促プランを発表します。

0299 □□
illustrate [ilʌ́strèit]
動 説明する；例解する
＊例や図表などを用いて具体的に説明すること。

She illustrated the process with some graphics.
彼女はそのプロセスを図表を使って説明した。

0300 **clarify** [klǽrəfài]

動 明らかにする

類 make clear「明確にする」

The market situation was clarified by our research team.

私たちの調査チームによって市場の状況が明らかにされた。

0301 **specify** [spésəfài]

動 具体的に述べる

形 specific「具体的な」 名 specification「仕様（書）」

Could you specify your idea?

あなたのアイデアを具体的に説明していただけませんか。

0302 **agree** [əgríː]

動 賛成する；同意する

＊agree with A on [about] B「B〈事〉についてA〈人〉に賛成する」

I agree with you on this completely.

私はこの点に関してあなたに全面的に賛成します。

0303 **object** [əbdʒékt]

！自動詞で前置詞はto

動 反対する

名 objection「反対」

One member strongly objected to the board's decision.

一人のメンバーが取締役会の決定に強く反対した。

0304 **argue** [ɑ́ːrgjuː]

動 主張する；論争する

＊argue that ～「～だと主張する」 名 argument「議論；論拠」

William argued that the system upgrade is urgent.

ウィリアムはシステムの刷新は急を要すると主張した。

20 意見・決定

convene など特殊な単語に要注意！

0305 □ □

unanimous [junǽniməs]

形 全会一致の

会議では最後に**conclusion**「結論」を出さなければなりません。**unanimous**は「全会一致の」の意味で、結論を出すときに参加者の意見が一致した場合に使います。「意見が割れた」はdividedです。また、**vote**「投票」にかけて決する場合、「過半数」はmajorityと言います。「少数意見」はminorityです。

brainstormはbrain「頭脳」とstorm「嵐」を組み合わせた言葉で、もともとは「突発的な精神障害」を意味しましたが、現在では名詞で「ひらめき」、動詞で「アイデアを出す」の意味として使います。brainstormingと名詞形にして「アイデア会議」です。

The decision was unanimous.
決定は全会一致のものだった。

0306
vote [vóut]
動 投票する 名 投票
＊vote for [against] A「Aに賛成票[反対票]を投じる」

The majority of the board voted for the proposed merger.
取締役会の過半数が提案された合併に賛成票を投じた。

0307
approve [əprúːv]
! 他動詞・自動詞の両方で使う
動 承認する
＊approve of A「Aに賛同する」 名 approval「承認」

We'll start as soon as the board approves the plan.
取締役会が計画を承認したらすぐにスタートしよう。

0308
conclusion [kənklúːʒən]
名 結論
動 conclude「結論づける；締めくくる」

We finally reached a conclusion on the plan.
私たちはついに、その計画について結論に達した。

0309
alternative [ɔːltə́ːrnətiv]
形 代わりの 名 代替物
＊an alternative to A「Aの代わりのもの」

Is there any alternative option?
代わりの選択肢が何かありませんか。

0310
consensus [kənsénsəs]
名 合意；コンセンサス
＊reach [achieve] a consensus「合意に達する」

There is a broad consensus that budget cuts are needed.
予算削減が必要なことはおおかた合意がとれています。

0311
☐
☐

summarize [sʌ́mərὰiz]

! 名詞はsummary「要約」

動 要約する

類 sum up「～を要約する」

I'll summarize the points of the meeting.
会議のポイントを要約します。

0312
☐
☐

last say

最終決定権

＊ have the last say「最終決定権を持つ」

The vice president has the last say on the deal.
副社長がその取引の最終決定権を持っている。

0313
☐
☐

brainstorming [bréinstɔ̀ːrmiŋ]

! カタカナでブレストと言う

名 アイデア会議

動 brainstorm「アイデアを出す」

Our team will have a brainstorming session on Thursday.
私たちのチームは木曜日にアイデア会議を開きます。

0314
☐
☐

convene [kənvíːn]

動 (会議を)開催する；召集する

＊ 他動詞・自動詞「開催される」の両方で使える。

The CEO convened an urgent meeting last night.
CEOは昨夜、緊急会議を招集した。

0315
☐
☐

adjourn [ədʒə́ːrn]

! conveneとセットで

動 (会議を)中断する；延期する

＊ 他動詞・自動詞「中断される」の両方で使える。

The meeting has been adjourned until next week.
会議は来週まで延期になった。

0316
view [vjúː]

名 意見

＊opinionと同じように使える。

What's your view on this?
これについてのあなたの意見は？

0317
pros and cons

良い点と悪い点；賛否両論

＊ラテン語由来の言葉。prosは「良い点」、consは「悪い点」。

We discussed the pros and cons of outsourcing.
私たちは外部委託の良い点と悪い点を話し合った。

0318
statistics [stətístiks]

名 統計（数字）

＊通例、複数で用いる。

I'll show you some interesting statistics.
興味深い統計数字をお見せしましょう。

0319
chart [tʃáːrt]

名 グラフ；図表　動 グラフ化する

＊a bar chart「棒グラフ」、a pie chart「円グラフ」

According to this pie chart, our market share is one fourth.
この円グラフによると、我々の市場占有率は4分の1です。

0320
visual aid

視覚資料

＊動画、OHP用シート、フリップチャートなど。

Bianca used various visual aids during her presentation.
ビアンカはプレゼンで、さまざまな視覚資料を使った。

21 交渉・契約

TRACK 21

契約までの流れをつかんでおこう

0321 □ □

negotiable [nigóuʃiəbl]

形 交渉可能な

名 negotiation「交渉」

取引における「交渉」は**negotiation**ですが、その形容詞形の**negotiable**は条件などが「交渉可能な」の意味で、こちらもよく使うので覚えておきましょう。交渉の余地がなく「決まっている」場合はdecidedやfixedを使います。「合意」は**agreement**ですが、経営幹部の**approval**「承認」が必要な場合もあり、その場合はa **tentative** agreement「暫定的な合意」をひとまずまとめることになります。

取引が成立すれば次は**contract**「契約」を交わす流れですが、契約書で重要なのは「条件」です。条件は**conditions**のほか、**terms**も使い、この2語を並べて**terms and conditions**とすることもあります。

Unit prices are negotiable.
単価は交渉可能です。

0322 deal [díːl]

カタカナのディールのこと

名 取引

＊seal [finalize] a deal「取引をまとめる」

The boss will seal a deal with the new client.
上司が新しいクライアントとの取引をまとめるだろう。

0323 agreement [əgríːmənt]

名 合意

＊reach [come to] an agreement「合意に達する」

The two companies reached an agreement after weeks of negotiations.
両社は何週間もの交渉の後で合意に達した。

0324 tentative [téntətiv]

形 暫定的な；仮の

類 provisional「暫定的な」

The agreement is tentative and subject to approval from the board.
この合意は暫定的なもので、取締役会の承認を要する。

0325 compromise [kámprəmàiz]

名 妥協(点) 動 妥協する

＊reach [arrive at] a compromise「妥協する」

We reached a compromise at 12 dollars per unit.
我々は単価12ドルで妥協点に達した。

0326 flexible [fléksəbl]

形 柔軟な；融通の利く

＊flexible hours「フレックスタイム」

They are flexible about schedules.
彼らはスケジュールについては柔軟だ。

0327 □ □

mutual [mjúːtʃuəl]

形 相互の；双方の

＊mutual interests「双方の利益」

The deal would serve our mutual interests.

この取引は双方の利益に適うでしょう。

0328 □ □

bulk [bʌ́lk]

形 大口の 名 大量

＊in bulk「大口注文で」

We'll place a bulk order from you.

当社は御社に大口で発注します。

0329 □ □

signature [sígnətʃər]

! 有名人のサインはautograph

名 署名；サイン

動 sign「署名する」

I need your signatures here and here.

あなたの署名がこことここに必要です。

0330 □ □

contract [kɑ́ntrækt]

名 契約書

＊draw up [write] a contract「契約書を作成する」

The lawyer drew up the contract for us.

弁護士が我々のために契約書を作成してくれた。

0331 □ □

draft [drǽft]

名 下書き；草稿

＊the first draft「第一草稿」

The director is now reviewing the draft.

今、役員が草稿を確認しています。

0332

terms and conditions

条件

＊terms、conditionsはどちらも「条件」の意味。

We agree on these terms and conditions.
これらの条件で我々はOKです。

0333

party [pá:rti]

! 意外な意味に注意

名 当事者；関係者

＊契約・交渉の当事者を指す。

Either party may terminate the contract after ten years.
10年が経過すれば、一方の当事者が契約を終了できる。

0334

take effect

効力を持つ

＊契約・法律が「効力を発揮する」の意味で使う。

The contract takes effect on the 1st of April, 2021.
この契約書は2021年4月1日から効力を持つ。

0335

obligation [àbligéiʃən]

名 義務；責任

＊契約で求められる「義務；責任」のこと。

Both parties shall have a confidentiality obligation.
両当事者は守秘義務を負う。

0336

valid [vǽlid]

形 有効な

反 invalid / null and void「無効な」

The contract is valid for one more year.
契約書はあと1年間、有効だ。

22 戦略・開発

企業経営の基軸となる単語を知っておこう

0337 □ □

merger [mə́ːrdʒər]

名 合併

動 merge「合併する」

企業の経営戦略でTOEICによく出るのが**merger**「合併」です。mergerは複数の会社が資本統合して一体となることです。動詞形は**merge**「合併する」です。

会社本体はそのままで、共同出資して進める事業は**joint venture**「合弁事業」と呼びます。また、事業単位での「提携」は**alliance**です。

製造業や素材産業にとって研究・開発は生命線です。「研究」は**research**、「開発」は**development**で、2語を合わせて**research and development**「研究・開発」としても使います。R&Dと略記します。

A merger is one of the best options to compete globally.
国際的に競争するためには、合併は最良の選択肢の一つだ。

0338 **strategy** [strǽtədʒi]

! tacticsとペアで

名 戦略

＊長期にわたる全体的・総合的な計画のこと。

The new marketing strategy worked well and increased sales.
新しい販促戦略は奏功して、売り上げを伸ばした。

0339 **tactics** [tǽktiks]

名 戦術

＊短期的な部分にかかわる方針のこと。複数形で使うことが多い。

We used various tactics to attract investors.
私たちは投資家を引きつけるさまざまな戦術を駆使した。

0340 **policy** [pάləsi]

名 方針

＊implement a policy「方針を実行する」

The CFO team implemented a cost-cutting policy.
CFO（最高財務責任者）のチームが経費削減の方針を実行した。

0341 **endeavor** [indévər]

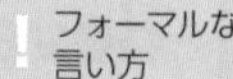

動 努力する　名 努力

＊effortのフォーマルな表現で、ビジネスで好まれる。

We always endeavor to improve service quality.
私たちはいつもサービス品質の向上に努めています。

0342 **undertaking** [ʌ̀ndərtéikiŋ]

名 事業；約束

動 undertake「引き受ける」

Developing new medicines is a risky undertaking.
新薬の開発はリスクを伴う事業だ。

0343
sector [séktər]

名 業界；部門

＊〈the 産業（名詞・形容詞）sector〉の形でよく用いる。

The banking sector looks healthier than ever.
銀行業界は今までより健全に見える。

0344
perspective [pərspéktiv]

! カタカナのパースペクティブ

名 観点；見方

＊put A in perspective「Aを正しく把握する」

The seminar gave me a different perspective on working.
そのセミナーは私に働くということについて別の見方を教えてくれた。

0345
research [ríːsəːrtʃ]

名 研究；調査　動 研究する；調査する

＊research and development (R&D)「研究開発」

Meg will update the ongoing research.
メグが進行中の調査の最新状況を報告します。

0346
development [divéləpmənt]

名 開発；進展

動 develop「開発する；進展する」

The mayor announced a development plan for the port area.
市長は港湾エリアの開発計画を発表した。

0347
laboratory [lǽbərətɔ̀ːri]

名 研究所

＊labと略すことも。

Our laboratory is now reviewing the test data.
当社の研究所が今、テストのデータを検証しています。

0348

patent [pǽtənt]

名 特許

＊royalty「特許権使用料」も覚えておこう。

We filed a patent on the automatic translation system.

私たちは自動翻訳システムの特許を申請した。

0349

innovative [ínəvèitiv]

形 革新的な

名 innovation「革新；発明」

Erika has proposed several innovative ideas.

エリカはいくつかの革新的なアイデアを提案した。

0350

advanced [ədvǽnst]

形 先進的な；上級の

関 elementary「初級の」、intermediate「中級の」

Some advanced features are built into the device.

その機器にはいくつかの先端的な機能が搭載されている。

0351

cutting-edge [kʌ̀tiŋ-édʒ]

形 最先端の

類 state-of-the-art「最先端の」

The controller is equipped with cutting-edge technology.

その制御装置には最先端の技術が使われている。

0352

craftsmanship [krǽftsmænʃìp]

名 技量；職人技

＊craftsmanは「職人」のこと。

The craftsmanship of the kimono is amazing.

その着物の職人技は驚くべきものだ。

23 機器・製造

製造プロセスをイメージして覚えよう

0353 □□

assembly line

組み立てライン

動 assemble「組み立てる」「集まる」

動詞の**assemble**は「組み立てる」「集まる」の意味があり、**assembly**は「組み立て」「集会」の意味で使います。工場に関連して**assembly line**と言えば流れ作業で製品を作っていく「組み立てライン」を指します。「製造する」には**manufacture**を使い、**manufacturer**と言えば「製造業者」「メーカー」のことです。「工場」は**factory**のほか**plant**でも表せます。

アップルなど自社工場を持たない会社がありますが、生産などを「外注する」ことを**outsource**と言います。outsource designなら「設計を外注する」、outsource product assemblyなら「製品の組み立てを外注する」です。

We will start three more assembly lines in the factory.
我々はその工場でさらに3本の組み立てラインを稼働させる。

0354
equipment [ikwípmənt]

不可算名詞

名 装置；機器

＊集合的に用いる。

Please use caution when operating the equipment.
この装置を使うときには注意を払ってください。

0355
device [diváis]

こちらは可算名詞

名 機器；装置

＊個々の機器を指す。

This is a device for your computer that stores data.
これが、あなたのPCのデータを保存する機器です。

0356
machinery [məʃíːnəri]

名 機械類

＊機械の総称で、不可算名詞。個々の「機械」はmachine。

Some experience is needed to run this sort of machinery.
この種の機械を扱うにはある程度の経験が必要です。

0357
capacity [kəpǽsəti]

人の能力にも使える

名 生産能力

形 capable「～できる；能力のある」

Our factory in Thailand is working at full capacity.
我々のタイ工場はフル稼働している。

0358
manufacture [mæ̀njəfǽktʃər]

動 製造する

名 manufacturer「製造業者」

The company manufactures carbon fiber for airplanes.
その会社は航空機用の炭素繊維を生産している。

0359

procure [prəkjúər]

動 調達する

名 procurement「調達」

We procure rare metals from companies in Russia.
我々は希少金属をロシアの会社から調達している。

0360

prototype [próutətàip]

! 製品開発の話題でよく出る

名 試作品

類 mock-up「実物大模型」

The prototype of a new camera has just arrived.
新しいカメラの試作品がちょうど届いたところです。

0361

specification [spèsəfikéiʃən]

名 仕様；スペック

＊通例、複数で使う。specsと略す。

Specifications have been drawn up for the new crane.
新しいクレーンの仕様はできあがっています。

0362

component [kəmpóunənt]

名 部品；構成要素

＊partも同意で使う。

We specialize in making aircraft components.
当社は航空機部品の製造に特化しています。

0363

material [mətíəriəl]

名 原料；材料

＊raw materials「原材料」

The country has to import raw materials such as oil and gas.
その国は石油やガスなどの原材料を輸入しなくてはならない。

0364

plant [plǽnt]

「観葉植物」の意味もある

名 工場

類 factory「工場」

We have 16 recycling plants across the country.

我々は全国に16のリサイクル工場を持っている。

0365

output [áutpùt]

名 生産量

＊manufacturing output「製造業生産高」

The plant has doubled its output over the past two years.

その工場は過去2年間で生産量を倍増させた。

0366

outsource [áutsɔ̀ːrs]

動 外注する

類 subcontract「下請けに出す」

Outsourcing production could slash the costs of factory operations.

生産を外注することで工場稼働のコストを削減できる。

0367

in-house [ìn-háus]

形 企業内の

＊このhouseは「企業；組織」の意味。

We chose in-house production instead of subcontracting.

我々は下請けに出す代わりに自社生産を選択した。

0368

suspend [səspénd]

操業停止はよく出る場面

動 停止する

名 suspension「停止」

The factory suspended operations due to the power outage.

その工場は停電のため操業を停止した。

24 不動産・建設

自分が部屋を借りる場面を想像してみよう

0369

□
□

real estate

不動産

＊a real estate agent「不動産業者」

「不動産」はreal（実体のある）＋ estate（資産）＝ **real estate**で表します。不動産を総称するのに使い、a real estate agentで「不動産業者」です。個別の「物件」を表現するときには**property**を使います。なお、「不動産業者」には**realtor**という単語もあります。

rentは動詞では「賃貸する」「賃借する」の両方の意味で使います。名詞では「賃貸；家賃」を表します。

不動産の言葉で注意したいのは**apartment**です。日本ではアパートとマンションを区別しますが、英語はこの1語のみです（英国圏では**flat**）。また、建物全体を指す場合と1つの物件を指す場合があります。**mansion**は「豪華な一戸建て」→「邸宅」のことです。

The price of real estate in the city center has been rising.
市の中心部の不動産価格は上昇している。

0370

property [prápərti]

名 不動産；物件

＊「不動産」という総称と、個々の「物件」の両方で使える。

Our company deals mainly with resort properties on the island.

当社は主にこの島のリゾート物件を扱っています。

0371

rent [rént]

名 賃貸；家賃　動 賃貸する；賃借する

＊rent A to B「AをBに貸す」、rent A from B「BからAを借りる」

I'm looking for an apartment for rent around here.

私はこのあたりで賃貸マンションを探しています。

0372

floor plan

間取図

＊Part 3、4のグラフィック問題によく出る。

I asked the agent to send the floor plans.

私は業者に間取図を送ってくれるよう頼んだ。

0373

tour [túər]

！不動産選びの場面で出る

名 内覧

＊一般には「周遊旅行；見学」。

You can take a virtual tour by using our touring app.

当社の内覧アプリを使ってバーチャル内覧ができます。

0374

relocate [rì:lóukeit]

動 移転する

名 relocation「移転」　類 move「引っ越す」

We'll relocate to larger offices in the suburbs.

私たちは郊外のもっと大きな事務所に移転します。

0375 □□

utilities [jutílətiz]

名 公共料金

＊電気・ガス・水道料金の総称。複数で使う。

The rent doesn't include utilities.
家賃に公共料金は含まれていません。

0376 □□

mortgage [mɔ́:rgidʒ]

! mortgage loanとも言う

名 不動産ローン

＊mortgageは「担保」のことで、物件を担保として融資がなされる。

We'll pay off the mortgage next month.
私たちは来月、不動産ローンを完済する。

0377 □□

construct [kənstrʌ́kt]

動 建設する

名 construction「建設（工事）」

A high-rise apartment will be constructed next to the station.
駅の隣に高層マンションが建設される。

0378 □□

structure [strʌ́ktʃər]

名 構造；建造物

形 structural「構造の」

The building has a complex structure.
そのビルは複雑な構造になっている。

0379 □□

site [sáit]

名 敷地；用地

＊a historic site「史跡」、on-site「現地の；現地で」

We are looking for a site for a new hotel.
私たちは新しいホテルの用地を探しているところだ。

0380 phase [féiz]

名 工期；段階

＊in phases「段階を追って」

The project consists of three phases.
そのプロジェクトは３つの工期でできている。

0381 convert [kənvə́ːrt]

動 転換する；両替する

＊convert US dollars into euros「米ドルをユーロに両替する」

The old mansion was converted into a boutique hotel.
その古い邸宅はブティックホテルに改装された。

0382 bid [bíd]

動 入札する 名 入札

＊competitive bidding「競争入札」

Five companies have bid for city contracts.
５社が市の契約に入札している。

0383 demolish [dimáliʃ]

動 取り壊す

類 tear down「～を取り壊す」

The old factory was demolished so that a shopping mall could be built.
ショッピングモールを建設するために古い工場は取り壊された。

0384 under way

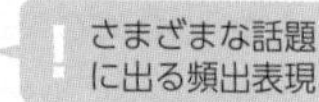

進行中で

＊前置詞underには「～の最中で」の意味がある。

The renovation to the entrance is now under way.
エントランスの改修が現在、進行しています。

25 仕事を進める

TRACK 25

業務遂行に必須の動詞をまとめて覚えよう

0385

□
□

implement [ímplimènt]

動 実行する；実施する

名 implementation「実行；実施」

ビジネスでは改まった表現が好まれます。その代表例が**implement**「実行する；実施する」で、doやcarry outよりフォーマルな雰囲気が出ます。implement a planなら「計画を実施する」、implement a decisionで「決定を実行する」です。

他にも、put offの代わりに**reschedule**「延期する」と言ったり、effortの代わりに**endeavor**「努力」と言ったりします。TOEICではこうしたビジネス仕様の言葉は要チェックです。

The board voted to implement the new overseas project.
取締役会は新しい海外プロジェクトを実行することを投票で決めた。

0386

complete [kəmplíːt]

形容詞としてもよく使う

動 完成させる；仕上げる

＊形容詞として「完全な」「完了した」の意味で使う。

The construction will be completed at the end of this month.

建設工事は今月末に完了する。

0387

conduct [kəndʌ́kt]

動 行う；進める

＊名詞として、「行為」「運営」の意味。

Employees should professionally conduct themselves.

社員はプロらしく振る舞うべきだ。

0388

achieve [ətʃíːv]

動 達成する；実現する

名 achievement「達成；実現」

We achieved our initial goal last quarter.

私たちは前の四半期に当初の目標を達成した。

0389

concentrate on

～に集中する

類 focus on「～に集中する」

We will concentrate on ways to increase sales this week.

私たちは今週は販売拡大の施策に集中して取り組むつもりだ。

0390

reschedule [rìːskédʒul]

動 延期する；変更する

類 postpone / put off「延期する」

My business trip has been rescheduled for next month.

私の出張は来月に延期された。

0391

contribute [kəntríbjət]

! 前置詞はtoを使う

動 貢献する；提供する

＊contribute to A「Aに貢献する」

Leslie contributed greatly to the product launch.
レスリーはその製品の発売に大きな貢献をした。

0392

prevent [privént]

動 防ぐ；止める

＊prevent A from doing「Aが～するのを防ぐ」

The heavy rain prevented the plane from leaving.
大雨で飛行機は飛べなかった。

0393

provide [prəváid]

! 2つの形を覚えよう

動 提供する

＊provide A with B = provide B for A「AにBを提供する」

We provide job seekers with an online job matching service.
当社は求職者にオンラインのジョブマッチング・サービスを提供しています。

0394

brief [brí:f]

! briefingで「状況説明」

動 要点を説明する

＊briefは形容詞として、「短い；簡潔な」の意味。

I brief the boss on the cosmetics market report every Friday.
毎週金曜日に私は上司に化粧品市場の報道について簡単に説明する。

0395

inquire [inkwáiər]

! 前置詞はabout

動 問い合わせる

名 inquiry「問い合わせ」 類 enquire「問い合わせる」

I'm writing to inquire about your new software.
御社の新しいソフトについてお聞きするために書いています。

0396
apologize [əpɑ́lədʒàiz]

! 名詞はapology「お詫び」

動 詫びる

＊apologize to A for B「BについてAに詫びる」

We want to apologize to all guests for the inconvenience.
ご不便について、すべてのお客様にお詫びいたします。

0397
report to

～の部下である；～に報告義務がある

＊「報告義務がある」、すなわち「その人の部下である」ということ。

I report to Mr. Sato.
私はサトウさんの部下です。

0398
opportunity [ɑ̀pərtjú:nəti]

名 機会

＊have an opportunity to do「～する機会を得る」

Thank you for the opportunity to work with you.
皆さんと一緒に働く機会を与えていただき感謝します。

0399
engagement [ingéidʒmənt]

名 約束；予定；婚約

動 engage「引き込む；従事させる」

I have a prior engagement this evening.
今晩は先約があります。

0400
deadline [dédlàin]

! カタカナのデッドライン

名 締め切り；納期

＊meet [miss] a deadline「締め切りに間に合う[間に合わない]」

I think I can meet the deadline.
その締め切りに間に合うと思います。

26 会社・業務

TRACK 26

会社でよく使う名詞をまとめて覚えよう

0401 □ □

objective [əbdʒéktiv]

名 目標
形 客観的な

事業の具体的な目標や数値目標のことを**objective**と言います。sales objectivesで「販売目標」、business objectivesで「仕事の目標」です。努力して到達するというイメージで、**goal**や**target**が類義語です。まぎらわしいのは**purpose**ですが、この単語は「物事を行う理由」→「目的」の意味で、具体的な数値目標には使いません。the purpose of the surveyで「その調査の目的」です。

operationは「運営」が基本的な意味で、company operations「会社の経営」、factory operations「工場の操業」のように使います。他に機器の「操作」、患者の「手術」の意味もあります。動詞は**operate**「運営する」です。

Your plan must have a clear objective.
君の計画には明確な目標がなくてはならない。

0402
attempt [ətémpt]

名 試み；挑戦

＊動詞も同形。attempt to do 「～しようとする」

All attempts to increase sales have failed.
売り上げを伸ばそうとするすべての試みは失敗した。

0403
collaboration [kəlæ̀bəréiʃən]

! カタカナのコラボ

名 協力；協業

動 collaborate 「協力する」

We need more collaboration with the research team.
私たちは調査チームとのさらなる協力が必要だ。

0404
operation [ɑ̀pəréiʃən]

名 運営；操業

動 operate 「運営する；操業する」

The plant stopped operations due to the flood.
洪水のため、その工場は操業を停止した。

0405
procedure [prəsíːdʒər]

名 手順；手続き

動 proceed 「進む」 proceed with A 「Aを進行する」

This is a standard procedure for entering the building.
これは建物に入るための標準的な手続きです。

0406
vision [víʒən]

! カタカナのビジョン

名 未来像；先見性

＊「視覚」「光景」の意味もある。

The CEO outlined her company vision for the future.
CEOは会社の将来像を説明した。

0407

solution [səlúːʃən]

名 解決策

動 solve「解決する」

The best solution would be to rebuild the base.

最良の解決策は、土台を作り直すことだろう。

0408

purpose [pə́ːrpəs]

名 目的

形 purposeful「目的を持った」

The purpose of the meeting is to choose a new leader.

その会議の目的は新しいリーダーを選ぶことです。

0409

inconvenience [ìnkənvíːniəns]

! 動詞causeとよく一緒に使う

名 不便

＊相手に不便をかけて詫びるときなどに用いる。

I'm sorry for any inconvenience this may cause.

このことでご不便をおかけすることをお詫びいたします。

0410

understanding [ʌ̀ndərstǽndiŋ]

名 理解

＊相手の理解に感謝する文脈でよく使う。

Thank you for your understanding in advance.

ご理解をよろしくお願いいたします。

0411

patience [péiʃəns]

! 例文はお決まりフレーズ

名 忍耐；がまん

＊ビジネスでは、相手を待たせるときなどに用いる。

Thank you for your patience and cooperation.

忍耐と協力に感謝いたします。

0412

duration [djuréiʃən]

名 継続時間

＊イベントやフライト、契約などの「継続時間・期間」を表す

The duration of the opera is about three hours with one break.

そのオペラの公演時間は1回の休憩を入れて約3時間です。

0413

voucher [váutʃər]

! discount voucherとも言う

名 割引バウチャー

＊coupon、promo codeなどと同様の役割。

Enter the voucher code here.

ここに割引バウチャーのコードを入力してください。

0414

remark [rimá:rk]

名 発言；意見 動 述べる

＊an opening [a closing] remark「開会[閉会]の言葉」

The CEO delivered a welcoming remark at the reception.

CEOは晩餐会で歓迎の辞を述べた。

0415

addition [ədíʃən]

名 新メンバー

＊チームなどに「新しく加わった人」の意味で使う。

Roy is a valuable addition to our division.

ロイは我々の部にとってかけがえのない新人です。

0416

credit [krédət]

名 称賛

＊「信用貸し」「クレジットタイトル」の意味もある。

She deserved credit for solving the problem.

彼女がその問題を解決したことは称賛に値するものだった。

27 オフィス

改修・リフォームはTOEIC頻出のテーマだ

0417 □□

renovate [rénəvèit]

動 改修する

名 renovation「改修」

建物や施設の改修はTOEICに頻出のテーマです。そこで使われる動詞が**renovate**「改修する」、名詞が**renovation**「改修」です。renovate a pool「プールを改修する」、office renovation「オフィスの改修」のように使います。日本語には「リフォームする」という言葉がありますが、これにもrenovate（または**refurbish**、**remodel**）を使います。

少し難しい単語で意外にお目にかかるのが**premises**です。会社や店舗の「敷地」という意味で、建物本体とその保有地を含めた全体を指します。on the premisesで「敷地内で」となります。

We started renovating our employee lounge.
私たちは社員休憩室の改修を始めた。

0418
refurbish [ri:fə́:rbiʃ]

動 改装する

名 refurbishment「改装」

I'd like to refurbish our kitchen.
うちの台所を改装したいです。

0419
facility [fəsíləti]

名 施設；設備

＊特定の目的のための場所・設備を指す。

The training facility is on the second floor.
トレーニング施設は２階にあります。

0420
cafeteria [kæ̀fətíəriə]

! イギリスでは canteen

名 社員食堂

＊break roomやemployee loungeは「社員休憩室」。

That company has a fancy cafeteria.
あの会社はおしゃれな社員食堂を持っている。

0421
staircase [stéərkèis]

! 階段の全体を指す

名 階段

＊個々の「段」はstairやstepと言う。

The spiral staircase leads down to the basement.
螺旋階段が地下室に続いている。

0422
hallway [hɔ́:lwèi]

名 廊下；通路

＊corridor、hallも同意で使う。

Paintings are hanging on the wall of the hallway.
廊下の壁には絵が掛けられている。

0423

janitor [dʒǽnətər]

名 用務員

＊清掃、守衛など、建物の管理の仕事をする人。 形 janitorial「用務員の」

I work as a janitor at a shopping mall.
私はショッピングモールで用務員として働いています。

0424

premises [prémisis]

名 （会社の）敷地

＊compoundも同様の意味で使える。

Our company is moving to new premises.
当社は新しい場所に引っ越します。

0425

administrative [ədmínəstrèitiv]

形 管理の；総務の

＊通例、管理業務や総務の仕事を指す。

Terry does administrative jobs such as filing documents.
テリーは、書類整理などの管理業務をしている。

0426

maintenance [méintənəns]

名 保守管理

＊建物・機器などの保守管理に使う。

Maintenance of the building is conducted regularly.
ビルの保守管理は定期的に行われている。

0427

trade [tréid]

名 取引；貿易

＊a trade show「貿易見本市」、the tourist trade「観光業」

We'll run a booth at the trade show.
私たちはその貿易見本市にブースを開設する。

0428
setting [sétiŋ]

名 状況；環境

＊小説などの「舞台」の意味でも使う。

The hotel has a wonderful setting overlooking the lake.

そのホテルは湖を見下ろすすばらしい立地にある。

0429
grievance [gríːvəns]

! 社員が職場で持つ不満や苦情のこと

名 苦情

＊grievance procedure「苦情処理手続き」

He filed a grievance about the unusually long hours.

彼は異常な長時間労働について苦情を申し立てた。

0430
discrimination [diskrìminéiʃən]

名 差別

動 discriminate「差別する」

Our company bans all kinds of discrimination at work.

我が社は職場でのいかなる差別も禁じています。

0431
proceeds [próusiːdz]

! 通例、複数で使う

名 収入

＊特定の事業や販売からの収入を指す。

Proceeds from the concert will go to charity.

コンサートからの収入は慈善事業に充てられます。

0432
progress [prágrəs]

名 進行；進歩　動 進行［進歩］する

＊in progress「進行中の［で］」

The mayor will inspect the construction progress today.

市長が今日、建設工事の進行を視察する。

28 旅行

自分が旅行に行くイメージで覚えよう

itinerary [aitínərèri]

名 旅行計画

旅行の話題で注意したい単語の一つは**itinerary**です。これは、旅行代理店でツアーを予約すると、作成してくれる「旅行計画 (travel plan)」のことです。ごく一般的な単語ですが、日本の学習者には意外になじみがないかもしれません。

もう一つは**accommodations**で、**accommodate**「収容する」の名詞形であり、「宿泊施設；ホテル」を指します。アメリカでは可算名詞として複数で使い、英豪では不可算名詞で単数扱いです。lodge「滞在する」の名詞形の**lodging**「宿」も使われることがあるので、知っておきましょう。

The travel agency planned my itinerary.
旅行代理店が私の旅行計画を立ててくれた。

0434
accommodations [əkɑ̀mədéiʃənz]

名 宿泊施設

動 accommodate「収容する；(要望などに) 応える」

I need to find inexpensive accommodations for my trip.
私は旅行のために安価な宿泊施設を見つける必要がある。

0435
book [búk]

動 予約する

類 reserve「予約する」

We've booked an ocean-view room at the hotel.
私たちはそのホテルの海の見える部屋を予約しました。

0436
destination [dèstinéiʃən]

名 目的地

＊a holiday destination「休暇先」

You can reach your final destination within the day.
あなたはその日のうちに最終目的地に到着できます。

0437
fare [féər]

名 運賃

＊他に「料理」「(娯楽) 作品」の意味もある。

Airfare is included in the rate of the tour.
航空運賃はツアー料金に含まれています。

0438
round-trip [ràund-tríp]

形 往復の

反 one-way「片道の」

I'd like a round-trip ticket to London.
ロンドンへの往復切符が欲しいのですが。

0439 **hospitality** [hɑ̀spətǽləti]

[名] おもてなし；ホスピタリティ

＊the hospitality industry「接客サービス業」

The Atlantic Hotel is well-known for its hospitality.
アトランティック・ホテルはそのおもてなしで有名だ。

0440 **valuable** [vǽljəbl]

[名] 貴重品 [形] 価値ある

＊belonging「私物」もよく使う。

You can deposit your valuables in a safety box.
貴重品はセーフティーボックスに預けることができます。

0441 **board** [bɔ́ːrd]

! Part 1の必須語

[動] 搭乗する

＊飛行機・バス・列車など大型の交通機関に乗り込むのに使う。

We are now inviting all passengers to begin boarding.
すべての乗客の皆さまがご搭乗を始めていただくようご案内します。

0442 **depart** [dipɑ́ːrt]

[動] 出発する

[名] departure「出発」

Our flight back to Tokyo will depart at midnight.
東京への帰国便は深夜に出る。

0443 **baggage** [bǽgidʒ]

! luggageも同意

[名] 手荷物

＊carry-on baggage [luggage]「機内持ち込み手荷物」

You have to pay extra for excess baggage.
超過手荷物には追加料金を支払っていただく必要があります。

0444

take off

離陸する

反 land / touch down「着陸する」

Our plane will take off soon.
私たちの飛行機はまもなく離陸します。

0445

customs [kʌ́stəmz]

! この意味では複数で使う

名 税関

＊単数のcustomは「慣習；習慣」。immigrationは「入国審査」。

Please present the completed form to the customs officer.
記入したフォームを税関職員に提示してください。

0446

fasten [fǽsən]

動 締める

＊fasten one's seatbelt「シートベルトを締める」

Please put your seats in the upright position and fasten your seatbelts.
座席を直立の位置に戻し、シートベルトをお閉めください。

0447

jet lag

時差ぼけ

＊time difference「時差」

I'm still suffering from jet lag.
まだ時差ぼけで調子が悪い。

0448

carousel [kæ̀rəsél]

名 回転式コンベア

＊baggage claim (area)「手荷物受取所」にある荷物が回るコンベアのこと。

I've just picked up my suitcase from the carousel.
回転式コンベアからスーツケースを取り上げたところです。

29 ツアー・交通機関

「観光スポット」を何と言う？

0449

sightseeing [sáitsìːiŋ]

名 観光

「観光」はそのものずばりで、sight「名所」＋seeing「見ること」＝**sightseeing**です。形容詞的に使ってa sightseeing tour「観光ツアー」、a sightseeing spot「観光スポット」のように表現できます。

「観光スポット」は他に**landmark**や**attraction**などを使って表すこともできます。a historic landmark「歴史的なスポット」、tourist attractions「観光スポット」。landmarkは「目印」の意味もあり、attractionは「呼び物」の意味で場所以外にも使います。

excursionは「遊覧旅行」という意味で、「半日ツアー」はa half-day excursionのように表現できます。

I'm here for sightseeing.
ここには観光目的で来ました。

0450 **landmark** [lǽndmɑ:rk]

名 名所；目印となる建物

＊形容詞的に「画期的な」の意味でも使う。

The old mosque downtown is the city's landmark.
ダウンタウンの古いモスクは市の名所です。

0451 **must-see** [mə̀st-síː]

形 必見の　名 必見のもの

＊must-read「必読の(もの)」、must-have「必携の(もの)」

The colosseum is one of the must-see sights in Rome.
コロッセウムはローマの必見のスポットの一つだ。

0452 **district** [dístrikt]

名 地区

＊a residential district「住宅街」

The cathedral is located in the historical district.
その大聖堂は歴史地区の中にある。

0453 **heritage** [hérətidʒ]

名 遺産

＊cultural heritage「文化遺産」

The Old Town is designated as a World Heritage Site.
旧市街は世界遺産に指定されている。

0454 **tourist** [túərəst]

名 観光客

＊tourist attractions「観光スポット」

Temple Street is crowded with foreign tourists.
テンプル・ストリートは外国人観光客で混み合っている。

0455
□
□

excursion [ikskə́:rʒən]

名 遊覧旅行

＊グループで行く小旅行を指す。

I decided to join a half-day excursion to tour the remains.

私は遺跡をめぐる半日ツアーに参加することにした。

0456
□
□

vibrant [váibrənt]

形 活気のある；にぎやかな

＊場所、人などさまざまなものを形容できる。

The hotel is in the most vibrant district of the city.

そのホテルは市の最もにぎやかな地区にある。

0457
□
□

traffic jam

交通渋滞

類 traffic congestion「交通渋滞」

I'm stuck in a traffic jam now.

今、交通渋滞につかまっています。

0458
□
□

vehicle [ví:əkl]

! Part 1でも頻出

名 車両

＊陸運用の車両すべてを指す。

The bus company introduced several electric vehicles.

そのバス会社は数台の電気車両を導入した。

0459
□
□

direction [dərékʃən]

名 方向

＊Part 1で交通の方向を表す問題で使われる。

Traffic is flowing in both directions.

交通は両方向に流れている。

0460

drop off

～を車から降ろす

＊pick up「～を車で拾う」、give ～ a lift「～を車に乗せる」

Can you drop me off in front of city hall?
市役所の前で降ろしてもらえますか。

0461

intersection [ìntəːrsékʃən]

名 交差点

類 junction「(道路の)分岐合流点」

Turn right at the next intersection.
次の交差点で右折してください。

0462

short cut

近道

＊dead end「袋小路」

If you take a short cut, it takes less than an hour.
近道をすれば、1時間もかからない。

0463

mileage [máilidʒ]

名 燃費

＊「総走行距離」「マイレージ(ポイント)」の意味もある。

This car is excellent in terms of mileage.
この車は燃費という点で優秀です。

0464

bound [báund]

! 前置詞forと一緒に使う

形 ～行きの

＊bound for A「A行きの」

Where does the bus bound for Sienna depart?
シエナ行きのバスはどこから出ますか。

30 風景

TRACK 30

Part 1の写真問題によく出る単語ばかりだ

0465

railing [réiliŋ]

! leanと一緒によく使われる

名 手すり

Part 1の写真問題には日常空間のさまざまな物が登場しますが、学校で習っていない単語が多いので注意が必要です。**railing**は「手すり」で、lean on the railing「手すりにもたれかかる」、lean over the railing「手すりから身を乗り出す」の表現でよく出ます。「手すり」にはbalustradeという単語もあります。

他に、**pedestrian**「歩行者」、**shade**「日陰」、**fountain**「噴水」、**awning**「日よけ」などをまとめて覚えておきましょう。

熟語としては**side by side**「並んで」や**in a line** / **in a row**「一列になって」、**next to**「～の隣に」などは必須です。

The couple is leaning over the railing.
カップルが手すりから身を乗り出している。

0466 □ □

pedestrian [pədéstriən]

名 歩行者；通行人

類 passer-by「通行人」

Pedestrians are walking in the same direction.
歩行者たちは同じ方向に歩いている。

0467 □ □

side by side

! 人・物が並ぶ描写に使う

並んで

＊walk side by side「並んで歩く」

Cars have been parked side by side.
車は並んで駐車されている。

0468 □ □

sidewalk [sáidwɔ̀ːk]

名 歩道

関 path「小道」、lane「小道；車線」、pavement「舗装道路」

The sidewalk is lined with trees.
歩道に沿って木が植えられている。

0469 □ □

crew [krúː]

名 作業員

＊road crew「道路整備員」、roadwork「道路工事」

Road crews are working near the lamppost.
街灯の近くで道路整備員が仕事をしている。

0470 □ □

fountain [fáuntən]

名 噴水

＊cascade「段状の小さな滝」

The fountain is circled by a lawn.
噴水は芝生に丸く囲まれている。

0471 □□
shade [ʃéid]

! 樹木や建物がつくる日陰のこと

名 日陰

＊shadowは人・物の形をした「影」を指す。

Some animals are lying in the shade.
動物たちが日陰で横になっている。

0472 □□
awning [ɔ́:niŋ]

名 日よけ

＊店の入り口などにある日よけのこと。canopyも使える。

Diners are eating under the awning.
食事客は日よけの下で食事をしている。

0473 □□
sail [séil]

動 帆走する 名 帆

＊paddle「パドルで漕ぐ」、row「オールで漕ぐ」も要注意。

A yacht is sailing on the lake.
一艘のヨットが湖の上を帆走している。

0474 □□
reflection [riflékʃən]

! 水の写真で出る

名 反映

動 reflect「映す；熟考する」

There is a reflection of a bridge on the water.
水面に橋の反映がある。

0475 □□
trail [tréil]

! 動詞で「引きずる」の意味

名 小道

＊森などに切り開かれた小道のこと。

A trail leads to the waterfall.
小道は滝に続いている。

0476

stall [stɔ́:l]

「売り子」はvendor

名 露店

類 concession stand「売店」

There are some stalls before the woods.
林の前に数軒の露店がある。

0477

bush [búʃ]

名 灌木；低木

＊shrubも同意。shrubberyはこの集合名詞。

Bushes have been trimmed in the area.
そのあたりの灌木は剪定されている。

0478

mural [mjúərəl]

名 壁画

＊graffiti「落書き」

A painter is drawing a mural on the wall.
画家が壁の上に壁画を描いている。

0479

quay [kwéi/kí:]

名 埠頭

類 wharf「埠頭」、pier / jetty「桟橋」

A boat is moored to the quay.
船が埠頭に係留されている。

0480

rake [réik]

名 熊手　動 かき集める

＊broom「ほうき」、wheelbarrow「(一輪の)手押し車」

A rake is leaning against the fence.
熊手が柵に立てかけてある。

Learn More 3

日常生活の単語

□ **bubble wrap**	包装用気泡シート；プチプチ
□ **crate**	（運送用の）箱
□ **fleet**	（同一会社の）全車両
□ **fluid**	液体
□ **gap**	すき間；裂け目
□ **layer**	層
□ **ledge**	縁
□ **packet**	パッケージ；セットになった書類
□ **patch**	布片；斑点；（土地の）一区画
□ **plate**	表示板；表札；皿
□ **ramp**	スロープ；傾斜路
□ **rim**	縁；枠
□ **slant**	傾斜；坂
□ **Styrofoam**	発泡スチロール
□ **wire**	ケーブル；（鉄）線

日常生活編
＋ノンジャンル・イディオム

美術館・地域社会・食事・家庭など、日常生活の頻出語を覚えましょう。また、ノンジャンルの重要語、さまざまなイディオムもカバーします。全部で520語です。

TRACK
31～60

31 美術館・博物館

美術館に出かけた気分で覚えよう

0481 □□

admission [ədmíʃən] 

名 入館料；入場料

動 admit「認める」

美術館や博物館の訪問はTOEICでおなじみのテーマです。**admission**は動詞admit「（入場を）認める」の名詞形で、「入館料」の意味で使います。単に「入館」での使用もあります。

「展覧会」は**exhibition**と言います。動詞**exhibit**「展示する」の名詞形ですが、exhibitは名詞として「展覧会」の意味でも使えます。

美術館・博物館の話題でよく出るのが**donation**「寄付；寄贈」や**patron**「支援者」という言葉です。寄付により財政的な支援を受けることがあるからです。**donor**「寄付をする人」の中には名前を明かさない人もいて、**anonymous**「匿名の」が使われることもあります。

Admission is free for preschool children.
入学前のお子様の入館料は無料です。

0482

donation [dounéiʃən]

寄付の話題はよく出る

名 寄付；寄贈

動 donate「寄付する」

Any donation is greatly appreciated.
寄付をしていただければとてもありがたいです。

0483

patron [péitrən]

名 支援者；パトロン；常連客

類 sponsor「後援者；スポンサー」

The Princess is one of the patrons of the museum.
皇太子はこの美術館の支援者の一人です。

0484

exhibition [èksibíʃən]

名 展覧会

動 名 exhibit「展示する」「展覧会」

There is a Modern Art Exhibition in the city gallery.
市立美術館で現代美術展が開催されている。

0485

queue [kjúː]

英国系の言葉

名 列

＊動詞句queue upで「列に並ぶ」。line upも同意。

I reserved online in advance to avoid queues.
列に並ぶのを避けるために前もってネットで予約しました。

0486

souvenir [sùːvəníər]

名 お土産

＊gift shop「土産物店；ギフトショップ」

You can buy museum souvenirs at the gift shop.
ギフトショップで美術館のお土産を買うことができます。

0487 □ □

refrain from

! 博物館の話題でよく出る

〜を差し控える

類 abstain from「〜を慎む」

Please refrain from chatting inside the gallery.
ギャラリー内ではおしゃべりをお控えください。

0488 □ □

prohibit [prouhíbət]

動 禁止する

名 prohibition「禁止」

Flash photography is prohibited in the museum.
博物館内ではフラッシュ撮影は禁止されています。

0489 □ □

painting [péintiŋ]

名 絵画

関 watercolor「水彩画」、landscape「風景画」、still life「静物画」

Munch's paintings are exhibited in Room 12.
ムンクの絵は12番室に展示されています。

0490 □ □

sculpture [skʌ́lptʃər]

! 「彫刻家」と一緒に覚えよう

名 彫刻

* sculptor「彫刻家」

Many sculptures are scattered across the park.
たくさんの彫刻が公園中に散らばっている。

0491 □ □

masterpiece [mǽstərpìːs]

名 傑作

類 masterwork「代表作」

Leonardo's "Mona Lisa" is widely regarded as a masterpiece.
レオナルドの『モナリザ』は傑作だと一般的に評価されている。

0492

artifact [áːrtifækt]

名 遺物；工芸品

㊫relic「遺物；形見」

These artifacts date back to the Han Dynasty.

これらの遺物は漢王朝にまでさかのぼるものだ。

0493

era [érə/íərə]

名 時代

㊫epoch「時代；時期」

The gallery specializes in the prints from the Edo era.

そのギャラリーは江戸時代の版画を専門にしている。

0494

statue [stǽtʃuː]

! Part 1でも注意

名 彫像

㊮pedestal「台座」

A warrior's statue stands in the square.

その広場には戦士の彫像が立っている。

0495

contemporary [kəntémpərèri]

形 現代の；現代的な

㊫modern「現代の」 up-to-date「現代的な」

Mylène Durand is a curator of contemporary art.

ミレーヌ・デュランは現代アート担当の学芸員だ。

0496

feature [fíːtʃər]

動 呼び物にする；特徴とする

＊名詞で「特徴」の意味。

The exhibition features the painter's later pieces.

その展覧会はその画家の後期の作品を取り上げている。

32 劇場・スポーツ・出版

row、auditorium、manuscriptなどに注意しよう

0497

row [róu]

名 列

＊in a row「列になって；続けて」

劇場・映画館では「座席」がテーマになることがあります。座席の「列」は**row**と言い、the front rowで「最前列」、the third rowで「3列目」です。「座席」はseatですが、動詞で「座らせる」の意味でも使い、その動名詞の**seating**は「座席数」「座席順」に使います。a seating capacity of 500なら「500の座席数」、a seating planなら「座席の配置」です。

観客を座席まで案内してくれる人を**usher**「案内係」と言います。この言葉は「案内する」という動詞としても使えます。音楽などを楽しむ「公会堂」は**auditorium**、「聴衆」は**audience**と言います。ちなみに、接頭辞audi-は「音の」の意味です。

Our seats are in the third row from the front.
私たちの座席は前から3列目です。

0498

auditorium [ɔ̀ːditɔ́ːriəm]

名 公会堂；音楽堂

＊audience「聴衆」がコンサートや演劇を見る建物のこと。

The auditorium has a seating capacity of 2,200.
その公会堂は2200人の座席スペースがある。

0499

performance [pərfɔ́ːrməns]

「実績」の意味もある

名 公演；上演

動 perform「公演する；上演する」

The next performance will begin at 3:30.
次の上演は3時30分に始まります。

0500

box office

切符売り場

＊演劇や映画の切符売り場のこと。a box-office hit「大ヒット作」

Tickets are available only at the box office.
チケットは切符売り場でのみ購入できます。

0501

instrument [ínstrəmənt]

名 楽器；器具

形 instrumental「ボーカルなしの；楽器だけの」

A player is arranging his instrument.
演奏家は彼の楽器を調整している。

0502

applause [əplɔ́ːz]

名 拍手；喝采

動 applaud「拍手する」

Their performance met with loud applause.
彼らの演奏は大きな拍手を受けた。

0503 □□

usher [ʌ́ʃər]

名 案内係 動 案内する

＊劇場や競技場で客を座席まで案内する係。

The usher showed us to balcony seats.
案内係は私たちをバルコニー席に案内した。

0504 □□

spectator [spéktèitər]

名 観客

＊spectator sport「観戦スポーツ」

Spectators are advised to keep social distancing.
観客の皆さまには社会的な距離を保つようにお願いします。

0505 □□

author [ɔ́:θər]

名 作家；著者

関 novelist「小説家」、critic「批評家」、playwright「脚本家」

He is the author of three books on Africa.
彼はアフリカについての３冊の本の著者である。

0506 □□

biography [baiágrəfi]

名 伝記

関 autobiography「自伝」

I was impressed by the biography of Churchill.
私はチャーチルの伝記に感銘を受けた。

0507 □□

excerpt [éksə:rpt]

名 引用；抜粋 動 引用する

＊quoteも同じ意味で、名詞・動詞で使える。

The following are excerpts from the CEO's speech.
次はそのCEOのスピーチからの引用です。

0508

critic [krítik]

名 批評家；評論家

動 criticize「批評する」 名 criticism「批評」

Most critics posted positive reviews on her new mystery.
ほとんどの批評家が彼女の新しいミステリーに好意的な批評を載せた。

0509

periodical [pìəriádikəl]

名 定期刊行物 形 定期的な

＊weekly「週刊」、monthly「月刊」などの雑誌を指す。

The law firm subscribes to several legal periodicals.
その法律事務所は数誌の法律関係の定期刊行物を購読している。

0510

headline [hédlàin]

名 見出し；表題

＊新聞や雑誌の記事タイトルのこと。

I was surprised to see the headline on the front page.
第一面のその見出しを見て、私は驚いた。

0511

manuscript [mǽnjəskrìpt]

名 原稿

＊manu-「手で」＋ script「書く」＝「原稿」

The publisher declined the author's manuscript.
出版社はその作家の原稿を却下した。

0512

proofread [prú:frì:d]

動 校正する

関 typo「誤植」

I'll finish proofreading the draft soon.
下書きの校正はもうすぐ終わります。

33 地域社会・環境

city hallなど基本語を押さえれば十分だ

0513

city hall

市役所

地域社会や市民生活が話題になるときによく出るのが**city hall**「市役所」です。建物としても行政機関としても使えます。無冠詞で使うことが多いです。

また、**city council**は「市議会」、**city official**は「市職員」、**mayor**は「市長」です。

「市町レベルの自治体」を**municipality**と言うことがあります。**state**は米国などの「州」のことで、**province**は「州」または「地方」の意味で使います。

neighborhoodは「近所」という意味もありますが、「街中の特定の地域」という意味で**district**と同様に使えるので覚えておきましょう。

I'll go to city hall to register my new address.
新しい住所を登録するために市役所に行ってきます。

0514
mayor [méiər]
名 市長
関 governor「知事」

Three candidates ran for the mayor of Nagano.
3人の候補者が長野市長選に立候補した。

0515
metropolitan [mètrəpɑ́lətən]
形 大都市の
名 metropolis「大都市」

Over 60% of our sales come from the metropolitan area.
当社の売り上げの60%以上は大都市部から上がる。

0516
rural [rúərəl]
! urbanとセットで
形 田舎の；田園の
反 urban「都市の」

Some young people want to live in rural communities.
若者の中には田舎の地域社会で暮らしたい人たちがいる。

0517
neighborhood [néibərhùd]
名 地域；近所
形 neighboring「隣接する」 名 neighbor「隣人」

The hotel is situated in a busy commercial neighborhood.
そのホテルはにぎやかな商業地区にある。

0518
municipality [mjunìsipǽləti]
名 地方自治体；市・町
形 municipal「市・町の」

Four municipalities cooperated for flood control.
4つの市町が洪水対策のために協力した。

0519 □□

charity [tʃǽrəti]

名 慈善団体；慈善活動

類 philanthropy「慈善団体[事業]」

The charity is 100% financed by donations.
その慈善団体は100%寄付によって資金がまかなわれている。

0520 □□

outreach [áutrìːtʃ]

名 奉仕活動；支援活動

＊「手を伸ばす」が原意で、恵まれない人などを支援する活動を指す。

Many local companies are involved in the educational outreach program.
その教育支援プログラムには多くの地元企業が参加している。

0521 □□

eco-friendly [ìːkou-fréndli]

形 環境に優しい

類 environmental-friendly「環境に優しい」

The retail chain adopts eco-friendly packaging.
その小売りチェーンは環境に優しい包装を採用している。

0522 □□

pollute [pəlúːt]

動 汚染する

名 pollution「汚染；公害」

The polluted site needs to be cleaned up before reusing it.
その汚染された土地は再利用する前に洗浄する必要がある。

0523 □□

garbage [gáːrbidʒ]

! ごみの種類をまとめて

名 生ごみ

類 trash「乾燥ごみ」、waste「廃棄物」

Please take out the garbage before Friday.
生ごみは金曜日の前に出してください。

0524 □ □

hygiene [háidʒiːn]

名 衛生

＊public hygiene「公衆衛生」、dental hygiene「歯科衛生」

All of our restaurants comply with hygiene regulations.

当社のレストランはすべて衛生規則を遵守している。

0525 □ □

soil [sɔ́il]

名 土壌；土地

＊rich soil「肥沃な土地」

Grape trees grow well in well-drained soil.

ブドウの木は水はけのいい土壌でよく育つ。

0526 □ □

hazardous [hǽzərdəs]

形 危険な；有害な

名 hazard「危険」 類 toxic「有毒な」

Smoking may be hazardous to your health.

喫煙は健康を害する恐れがあります。

0527 □ □

littering [lítəriŋ]

名 ごみのポイ捨て

＊litterは名詞で「ごみ」、動詞で「ごみを捨てる」。

Littering in the garden may be fined.

庭園内でのごみのポイ捨ては罰金が科されることがあります。

0528 □ □

fertilizer [fə́ːrtəlàizər]

！意外に出る

名 肥料

＊organic fertilizer「有機肥料」

These tomatoes have been fed only with organic fertilizer.

これらのトマトは有機肥料だけで育てられています。

34 レストラン・食事

culinary delightsなど、定型表現に注意しよう

0529 

culinary [kʌ́lənèri] 

形 料理の

食事の話題でよく使われるのが**culinary**という言葉です。「料理の」という意味の形容詞で、culinary delights「食べる楽しみ」、culinary skills「料理の技能」のように使います。

レストランでコース料理を注文することもあると思いますが、このコース、日英で意味が少し違います。**course**は「コース料理の一品」のことで、「5品のコース」ならa five-course dinnerなどと表現します。「主菜」は**main course**または**entrée**です。また、「前菜」は**appetizer**、「食前酒」は**aperitif**と言います。「一品料理」は**à la carte**で、レストラン関連ではフランス語系の言葉が多く使われます。

You can look for culinary delights across the city.
市のどこででも食べる楽しみを追求できます。

0530 **diner** [dáinər]

2つの意味がある

名 簡易食堂；食事客

類 eatery「軽食堂」

Let's grab a bite at that diner.
あの食堂でさっと食べよう。

0531 **treat** [tríːt]

名 おごり；ごちそう 動 おごる

＊This is on me.「ここは私持ちです」もよく使う。

This is my treat.
ここは私のおごりです。

0532 **luncheon** [lʌ́ntʃən]

名 昼食会

＊フォーマルな昼食会のこと。

The CEO hosted a luncheon for the investor group.
CEOは投資家グループのために昼食会を開いた。

0533 **wine and dine**

接待の場面で使う

もてなす；接待する

＊文字通り、お酒と食事でもてなすこと。

We'll wine and dine a client at the best restaurant in town.
私たちは街で最高のレストランでクライアントを接待します。

0534 **split the bill**

割り勘にする

＊billは「勘定」のこと。separate the bill「別々に勘定する」

Let's split the bill.
割り勘にしよう。

0535

happy hour

割引タイム；ハッピーアワー

＊夕刻のまだ客の入りの悪い時間帯で、割引料金が設定される。

Visit La Isla Bonita at 5 and enjoy happy hour.
ラ・イスラボニータに5時にお越しになって、ハッピーアワーをお楽しみください。

0536

refill [rí:fìl]

名 おかわり 動 (飲み物を)注ぎ足す

＊Would you like a refill?「もう一杯いかがですか」は決まり文句

Coffee refills are free.
コーヒーのおわかりは無料です。

0537

meal [mí:l]

名 食事

＊Enjoy your meal.「食事をお楽しみください」は接客係の決まり文句。

He only has two meals a day because of his health.
彼は健康のために一日2食しか取らない。

0538

appetite [ǽpitàit]

名 食欲；欲求

＊have an appetite「食欲がある」

Kids have huge appetites.
子供たちはすごい食欲だ。

0539

pour [pɔ́:r]

! Part 1の頻出動詞

動 注ぐ

＊「雨が激しく降る」「(お金などを)注ぎ込む」の意味もある。

She poured more wine into her glass.
彼女はグラスにワインを注ぎ足した。

0540

sip [síp]

動 すする

＊sip at A「Aをすする」とも表現できる。

A woman is sitting at the table, sipping her coffee.
一人の女性がテーブルについて、コーヒーをすすっている。

0541

seasoning [sí:zəniŋ]

名 調味料；味付け

＊塩、ハーブ、スパイスなど。seasonは動詞で「味付けする」。

Taste and add seasoning if necessary.
味見をして、必要なら調味料を加えてください。

0542

entrée [á:ntrei]

名 主菜

＊フランス語より。main courseも同意。

You can choose your entrée from a variety of Spanish dishes.
主菜はさまざまなスペイン料理から選べます。

0543

allergy [ǽlərdʒi]

名 アレルギー

＊have an allergy to A「Aにアレルギーがある」

I have a wheat allergy.
私は小麦にアレルギーがあります。

0544

foodie [fú:di]

名 食通；グルメ

＊gourmetやgastronomeも同じ意味で使える。

We can arrange a top-rated foodie tour in Osaka.
私たちは最高の大阪グルメツアーをアレンジできます。

35 キッチン・料理・スーパー

ingredient、utensilなどの必須語に注意しよう

0545 □□

ingredient [ingríːdiənt]

名 材料；要素

ingredientは「材料」の意味で、「料理の素材」に使うほか、抽象的に「要素；要因」の意味で広く使う言葉です。fresh ingredientsで「新鮮な素材」、a key ingredient for successなら「成功の重要な要素」です。

utensilは「用具；器具」の意味で、台所・家庭で使うものを広く表現できます。kitchen utensilsは「キッチン用品」、cooking utensilsは「調理器具」、writing utensilsなら「筆記用具」です。

日英で意味が異なる台所用品には注意が必要です。**stove**は「（料理用）コンロ」、**blender**は「ミキサー」、**mixer**は「泡立て器」です。

All ingredients we use are fresh and harvested locally.
私たちが使う材料はすべて新鮮で、地元で収穫されたものです。

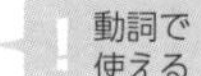

0546
microwave [máikrəwèiv]

! 動詞で使える

動 電子レンジで調理する　名 電子レンジ

形 microwavable「電子レンジで調理できる」

Microwave the soup until it is hot.

スープを熱くなるまでチンしてください。

0547
peel [píːl]

動 皮をむく

＊紙などを「はがす」の意味でも使う。

Peel and slice the banana.

バナナの皮をむいて、スライスしてください。

0548
simmer [símər]

動 ゆっくり煮る

関 boil「煮る」、stir-fry「炒める」、stew「煮込む」、steam「蒸す」

Simmer the sauce gently for 15 minutes.

ソースを15分間ことこと煮てください。

0549
bake [béik]

動 オーブンで焼く

関 broil「直火で焼く」、grill「網焼きする」、roast「ローストする」

He baked a birthday cake for me.

彼が私のためにお誕生日ケーキを焼いてくれた。

0550
stir [stə́ːr]

動 かき混ぜる

関 mix「混ぜる」、blend「混ぜ合わせる」、whisk「泡立てる」

The man is stirring his coffee with a spoon.

その男性はスプーンでコーヒーをかき混ぜている。

0551

flavor [fléivər]

名 風味；味付け

類savor「香り；風味」

This red wine has a fruity flavor.
この赤ワインはフルーティーな風味です。

0552

perishable [périʃəbl]

! 生モノの形容に使う

形 腐りやすい

＊「(物が)壊れやすい」の意味もある。

We provide special courier services for perishable goods.
当社は、腐りやすい品目のための特別な宅配サービスを提供しています。

0553

utensil [juténsəl]

名 用具；器具

＊kitchen utensils「キッチン用品」

Our quality cooking utensils help you enjoy kitchen tasks.
私たちの高品質の調理用品はキッチンでの仕事を楽しくします。

0554

cutlery [kʌ́tləri]

名 食卓用金物類；カトラリー

＊ナイフ、フォーク、スプーンなど。silverwareとも言う。

There are two sets of cutlery on the table.
テーブルの上には2セットのカトラリーが用意されている。

0555

stove [stóuv]

名 (料理用)コンロ

＊暖房用の「ストーブ」はheaterである。

I'm heating a pan on the stove.
コンロでフライパンを温めているところです。

0556
kettle [kétl]

名 やかん；ケトル

関 pot「両手鍋」、wok「中華鍋」、rice cooker「炊飯器」

The kettle is boiling.
やかんが沸騰しているよ。

0557
serve [sə́ːrv]

動 (料理を)出す；配膳する

名 server「給仕係」

Could you serve breakfast in my room?
朝食は部屋に出してもらえますか。

0558
scale [skéil]

名 はかり；計量器

＊「程度」「基準」の意味のscaleも同じスペリング。

I'll show you how to use the digital kitchen scale.
このデジタル・キッチンスケールの使い方を紹介します。

0559
detergent [ditə́ːrdʒənt]

! 意外によく出る

名 洗剤

＊kitchen detergent「キッチン用洗剤」

We're running short of kitchen detergent.
キッチン用洗剤が切れかけている。

0560
refrigerator [rifrídʒərèitər]

名 冷蔵庫

＊略記のfridgeもよく使う。「冷凍庫」はfreezer。

The cheese is on the top shelf in the refrigerator.
チーズは冷蔵庫の一番上の棚にあるよ。

0561
produce [próudjuːs]
名 農産物；生産物
類 harvest「作物」

She usually cooks using her garden produce.
彼女はいつも自分の菜園の農産物を使って料理をする。

0562
dairy [déəri]
! 食品の重要語
名 乳製品；酪農
＊「乳製品」はdairy products [produce]とすることも多い。

The supermarket carries a wide variety of dairy products.
そのスーパーは実にさまざまな乳製品を売っている。

0563
meat [míːt]
! 「哺乳動物の肉」を指す
名 肉
＊「鶏肉（家禽類）」はpoultry。

I'm a vegetarian, so I don't eat meat.
私はベジタリアンです。なので、肉は食べません。

0564
flour [fláuər]
名 小麦粉
＊主にwheat「小麦」の粉末のこと。

Add flour, salt, and cinnamon.
小麦粉と塩、シナモンを加えてください。

0565
toiletries [tɔ́ilətriz]
名 洗面化粧品
＊soap「石けん」、shampoo「シャンプー」、toothpaste「歯磨き」など。

Here is a list of toiletries to pack for your travel.
これが、あなたの旅行のために詰めておくべき洗面化粧品のリストです。

0566
trolley [tráli]

名 ショッピングカート

＊shopping trolleyやshopping cartとも言う。

A child is riding on the trolley.

子供がショッピングカートに乗っている。

0567
aisle [áil]

! 飛行機の話題でも

名 通路

＊an aisle seat「通路側の席」

Salad dressings are in Aisle 7.

サラダドレッシングは7番通路にあります。

0568
deli [déli]

名 デリカテッセン

＊delicatessenの略記。調整食料品を売る店またはコーナー。

Ask for our cold cuts at the deli counter.

冷製のカット肉はデリのカウンターでお求めください。

36 健康

TRACK 36

「調剤する」と言えますか

0569 □□

prescription [priskrípʃən]

名 処方せん

動 prescribe「処方する」「規定する」

健康・医療で注意したい単語は**prescription**です。診察した医師が書いてくれる「処方せん」のことで、**patient**「患者」は**pharmacy**「薬局」に持って行って、調剤してもらいます。「調剤する」はfill a prescriptionと言います。ごく一般的な流れですが、英語でなじみがないと戸惑うかもしれません。「医師」はdoctorも使いますが、**physician**（「内科医」を指すことも）とも言います。

他に注意したい単語に**checkup**があります。これは会社が手配してくれる「健康診断」を表し、medical checkupとも言います。**diet**は「減量」の意味でも使いますが、本来は健康・医療面から見た「食事」のことです。

The doctor wrote me a prescription for painkillers.
お医者さんは痛み止めを処方してくれました。

0570 **symptom** [símptəm]

名 症状

＊symptoms of flu「インフルエンザの症状」

The symptoms are a headache and a fever.
症状は頭痛と発熱です。

0571 **patient** [péiʃənt]

名 患者

＊outpatient「外来患者」、inpatient「入院患者」

The surgery was a success and the patient recovered quickly.
手術は成功して、患者はすぐに回復した。

0572 **pharmacy** [fá:rməsi]

! 英国では chemist's

名 薬局

＊pharmacist「薬剤師」

I'll buy cold medicine at a pharmacy later.
後で、薬局で風邪薬を買うことにするよ。

0573 **checkup** [tʃékʌ̀p]

名 健康診断

＊medical checkupとも言う。

Employees are advised to have an annual checkup.
社員の皆さんは年次の健康診断を受けるようにしてください。

0574 **diagnosis** [dàiəgnóusis]

名 診断(書)

動 diagnose「診断する」 形 diagnostic「診断の」

The diagnosis says that I have a high risk of a heart attack.
診断書によると、私は心臓発作のリスクが高い。

0575 □ □

hospitalize [háspitəlàiz]

動 入院させる

＊ambulance (car)「救急車」

Leon was hospitalized after he collapsed at the office.

レオンは会社で倒れた後、入院することになった。

0576 □ □

diet [dáiət]

名 食事；ダイエット

＊nutrition「栄養」

A balanced diet is essential for your health.

バランスの取れた食事は健康に必須である。

\Learn More 4/

Part 1の要注意動詞

- □ **climb a ladder** はしごを登る
- □ **face a lake** 湖に面している
- □ **hang on the wall** 壁にかかっている
- □ **serve a customer** 顧客に給仕する
- □ **trim a hedge** 垣根を刈り込む
- □ **pick up the merchandize** 商品を手に取る
- □ **point at the graph** グラフを指し示す
- □ **put on a coat** 上着を着る

Learn More

5

お決まり会話フレーズ

□ **Be my guest.**	ご遠慮なく
□ **Count me in.**	私も参加します
□ **Either will do.**	どちらでもいいです
□ **Got it.**	わかりました
□ **I wish I could.**	そうできればいいのですが
□ **It depends.**	場合によります
□ **It's up to you.**	あなた次第です
□ **Let me check.**	確認させてください
□ **Never mind.**	気にしないでください
□ **Not that I know of.**	私の知るかぎりそうではないですね
□ **Take your time.**	ゆっくりでいいですよ
□ **That's it.**	そのとおりです
□ **What a coincidence!**	偶然ですね
□ **What's going on?**	どうしたの?
□ **Why not?**	いいですよ/かまいませんよ
□ **Will do.**	了解しました

37 家庭

domestic、household、applianceは頻出語だ

0577 

domestic [dəméstik]

形 家庭の；国内の

domesticには「国内の」のほかに、「家庭の」の意味もあり、2様に使う重要語です。a domestic flightなら「国内線」ですが、domestic lifeなら「家庭生活」、domestic tasksなら「家事」になります。

家のインテリアでは盲点になる単語を押さえるようにしましょう。**fixture**はfix「固定する」の名詞形で「固定設備」の意味で使います。照明や流しなどの動かせない設備を指します。lighting fixtureで「照明設備」です。

upholsteryはソファ・いすの「いす張り（詰め物をして布を張ること）」で、TOEICに時々出る単語です。**ventilation**は「換気装置」、**outlet**は「コンセント」です。

She enjoys domestic life as well as working.
彼女は仕事と同様、家庭生活も楽しんでいる。

0578 household [háushòuld]

形 家族の；家事の 名 家族

＊household chores「家事」

We share our household chores.

私たちは家事を分担しています。

0579 spouse [spáus]

名 配偶者

＊partnerのフォーマルな言い方。dependentは「扶養家族」。

Spouses are invited to the year-end party.

忘年会には配偶者の方々もぜひお越しください。

0580 appliance [əpláiəns]

名 家庭用器具

＊electric appliances「家電製品」、kitchen appliances「台所用品」

We renewed some electric appliances when moving.

私たちは引っ越しのときにいくつかの家電製品を新調した。

0581 insurance [inʃúərəns]

！「掛け金」は premium

名 保険

動 insure「保険をかける」

The insurance covers all household items.

その保険はすべての家財道具を対象とする。

0582 pension [pénʃən]

名 年金

類 annuity「年金」

My retired parents live on a pension.

私の引退した両親は年金暮らしです。

0583
economical [èkənámikəl]
! economicと区別しよう

形 節約する
* economic「経済の」との区別に注意。

I bought an economical car.
私は燃費のいい車を購入した。

0584
decent [díːsənt]

形 満足できる；礼儀正しい
名 decency「礼儀正しさ」

He makes a decent living on his salary.
彼は給与で悪くない生活をしている。

0585
furniture [fə́ːrnitʃər]
! 集合的に使う不可算名詞

名 家具
* furnishingsとも言う。

The room is neatly arranged with a small amount of furniture.
その部屋は少ない家具できれいに整理されている。

0586
couch [káutʃ]

名 ソファ
* sofaも同意。

A man is sitting back on the couch.
男性がソファでくつろいでいる。

0587
upholstery [ʌphóulstəri]

名 いす張り
* ソファ・いすなどに詰め物を入れて張ること。動 upholster「いす張りする」

She likes the old sofa with navy upholstery.
彼女は紺色のいす張りを施されたその古いソファがお気に入りだ。

0588 **fixture** [fíkstʃər]

名 固定設備

＊fixtures and fittings「家具什器」

The lighting fixture will be replaced before you move in.

あなたが入居する前に照明設備は交換されます。

0589 **ventilation** [vèntəléiʃən]

名 換気（装置）

＊insulation「断熱（材）」

A ventilation system is working around the clock.

換気システムは24時間稼働している。

0590 **pantry** [pǽntri]

名 食器・食品室

＊食器や食品を保管するクローゼットまたは小さな部屋のこと。

A woman is picking up a bottle from the pantry.

女性が食器・食品室から瓶を取り出している。

0591 **rug** [rʌ́g]

名 敷物；ラグ

＊carpet「絨毯；カーペット」より小さい敷物を指す。

A rug is placed in the center of the room.

部屋の真ん中にラグが敷かれている。

0592 **pane** [péin]

! window pane とも言う

名 窓ガラス

＊double-paned「二重ガラスになった」

A man is wiping window panes with a cloth.

男性が布で窓ガラスを拭いている。

0593 □□

laundry [lɔ́:ndri]

! 「クリーニング店」の意味も

名 洗濯；洗濯物

＊do laundry「洗濯をする」

Two girls are folding the laundry.
二人の女の子が洗濯物を畳んでいる。

0594 □□

trash bin

! bin単独でも使う

ごみ箱

＊trash box、trash canも使う。

Trash bins are designated as plastic, bottles, and so on.
ごみ箱はプラスチック、瓶などと指定されている。

0595 □□

vase [véis]

名 花瓶

＊「壺」「甕（かめ）」の意味でも使う。 関jar「瓶；壺」

A vase with flowers is on the shelf.
花を生けた花瓶が棚の上にある。

0596 □□

sweep [swí:p]

! Part 1で注意

動 掃く

関mop「モップでふく」、polish「磨く」、scrub「ごしごし洗う」

A man is sweeping the front porch.
男性が玄関先を掃いている。

0597 □□

vacuum [vǽkjuəm]

! 動詞の用法に注意

動 掃除機をかける 名 電気掃除機

＊vacuumは「真空」が原意で、真空をつくってごみを吸い上げることから。

I usually vacuum my room once a week.
私はふつう、週に一回、部屋に掃除機をかける。

0598

mow [móu]

動 (芝・草を)刈る

＊mow a lawn「芝生を刈る」、lawn mower「芝刈り機」

I'll mow the lawn when it gets dry.
芝生が乾いたら、芝刈りをするよ。

0599

stain [stéin]

名 染み

＊spotとも言う。

There is a big stain on the carpet.
絨毯の上に大きな染みがある。

0600

crack [krǽk]

名 ひび

㊐dent「へこみ」、chip「(ペンキなどの)欠け目」

There are some cracks in the concrete wall.
コンクリートの壁にはいくつかひびができている。

38 教育・余暇

「クラスに登録する」をどう表現する？

0601

□
□

enroll [inróul]

動 入学する；登録する

名 enrollment「入学；登録」「入学［登録］者数」

教育コースやクラスに「登録する」のは**enroll**を用いて表現します。enroll in [at] a class「クラスに登録する」という形をとります。enrollment「入学；登録」が名詞形です。

enrollに代わって、**register**「登録する」も用いられ、こちらはregister for a classの形をとります。

TOEICで教育の突っ込んだ話題は出ませんが、**physics**「物理学」、**archaeology**「考古学」、**astronomy**「天文学」、**geology**「地質学」など、大学における基本的な学科をチェックしておくと安心です（☞ p.63参照）。

The elder son enrolled in a private high school.
長男は私立高校に入学しました。

0602
tuition [tjuíʃən]

名 授業料

＊「教授；指導」の意味もある。give tuition「教える」

The tuitions of public schools are affordable.
公立学校の授業料は手頃なものだ。

0603
tutorial [tjuːtɔ́ːriəl]

名 個別指導

＊tutor「個別指導員」

Online tutorials for programming are available at minimal costs.
プログラミングのオンライン個別指導が格安で利用できます。

0604
scholarship [skɑ́lərʃìp]

名 奨学金

＊get [win] a scholarship「奨学金を得る」

He won a scholarship to California State University.
彼はカリフォルニア州立大学の奨学金を得た。

0605
vocational [voukéiʃənəl]

形 職業の

名 vocation「職業」

The school offers a variety of vocational programs.
その学校はさまざまな職業プログラムを提供している。

0606
kindergarten [kíndərgɑ̀ːrtən]

名 幼稚園

関 nursery「保育所」

I drive my daughter to kindergarten every morning.
毎朝、私は娘を幼稚園に車で送ります。

0607

behave [bihéiv]

動 振る舞う；行儀よくする

名 behavior「振る舞い」

The teacher said Nick behaves well at school.

ニックは学校では行儀よくしていると、先生が言っていた。

0608

discipline [dísəplin]

名 規律；訓練

＊self-discipline「自立性」

Martha has the self-discipline to do homework.

マーサは宿題をする自立性がある。

0609

botanical [bətǽnikəl]

形 植物の

＊botanical gardenがツアーの行き先としてよく出る。

After lunch, we'll visit the Westwood Botanical Garden.

昼食の後、私たちはウエストウッド植物園を訪問します。

0610

aquarium [əkwéəriəm]

! aqua-は「水」を表す

名 水族館

＊aquaculture「養殖」

The aquarium is famous for dolphin shows.

その水族館はイルカのショーで有名だ。

0611

amusement [əmjú:zmənt]

名 楽しみ；面白さ

＊amusement park「遊園地」

Jeff watched the kitten chasing the ball with amusement.

ジェフは、子猫がボールを追いかけるのを楽しそうに眺めた。

0612 **pastime** [pǽstàim]

名 娯楽

類 hobby「趣味」、spare time「余暇」、avocation「趣味；副業」

My favorite pastime is playing games.
私の好きな娯楽はゲームをすることです。

0613 **outing** [áutiŋ]

名 (グループによる)遠足；小旅行

＊go on an outing「遠足をする」

We'll go on an outing to the lake this Sunday.
私たちは今度の日曜に湖まで遠足に出かけます。

0614 **stroll** [stróul]

! Part 1で注意

動 散歩する；ぶらぶら歩く

類 saunter / wander「ぶらぶら歩く」

A woman and two girls are strolling on the lawn.
女性と二人の女の子が芝生の上を散歩している。

0615 **tune** [tjúːn]

名 メロディ；曲

＊hum a tune「曲を口ずさむ」

She played a familiar tune on the piano.
彼女はよく知られた曲をピアノで奏でた。

0616 **favorite** [féivərət]

形 お気に入りの　名 お気に入りのもの

＊favorは「手助け；支持」の意味。

Walking with the dog is my favorite diversion.
犬と散歩するのが私のお気に入りの気晴らしです。

39 天気

inclementは交通機関の遅延の場面で出る

0617 

inclement [inklémənt] 

形 天候が悪い

天気の必須語は何と言っても**inclement**です。「天候が悪い」の意味で、inclement weatherで「悪天候」として使います。due to the inclement weather「悪天候が原因で」というフレーズで、航空便の遅れやイベントのキャンセルの文脈で登場します。

outageは「停電」で、こちらも工場の操業停止など非常事態の原因として出てきます。power outageとも言います。

All flights have been cancelled due to the inclement weather.
悪天候のため、すべてのフライトが欠航になった。

0618
forecast [fɔ́:rkæ̀st]
名 予想 動 予想する
＊weather forecaster / meteorologist「天気予報士」

According to the weather forecast, it will snow tonight.
天気予報によると、今夜は雪になる。

0619
warning [wɔ́:rniŋ]
名 警報；警告
類 alert「警戒；警報」

The weather bureau issued a storm warning in the region.
気象庁はその地域に暴風雨警報を発令した。

0620
temperature [témpərətʃər]
名 気温；体温
関 humidity「湿度」、visibility「視界」、precipitation「降水」

The temperature fell below freezing last night.
昨日の夜は気温が氷点下に下がった。

0621
humid [hjú:mid]
形 湿気のある
関 muggy「蒸し暑い」、freezing「凍えるように寒い」、temperate「温暖な」

It's very hot and humid today.
今日はとても熱くて、湿気がある。

0622
torrential [tɔ:rénʃəl]
! rain や snow を修飾する
形 激しい
＊downpour「豪雨」、shower「にわか雨」

Torrential rains caused river floods in several areas.
豪雨がいくつかの地域で川の氾濫を引き起こした。

0623 □ □

evacuate [ivǽkjuèit]

動 避難する；避難させる

名 evacuation「避難」

Residents are advised to evacuate the seashores.

住民は海岸地域から避難するようにしてください。

0624 □ □

outage [áutidʒ]

名 停電

＊power outageとも言う。blackout、power failureも使う。

One of the problems of the country is frequent power outages.

その国の問題の一つは停電が頻繁に起こることだ。

\Learn More 6/

ハイフン形容詞

- □ **custom-made** 注文で作られた；オーダーメイドの
- □ **eye-catching** 人目を引く
- □ **long-lasting** 長く続く
- □ **non-refundable** 返金できない
- □ **off-peak** 閑散期の
- □ **run-down** 荒廃した
- □ **word-of-mouth** 口コミの
- □ **would-be** ～志望の；～になるつもりの

\ Learn More /
7

ちょい難動詞

□ **alleviate**	緩和する
□ **articulate**	はっきり述べる；明確化する
□ **attest to A**	Aを証明する
□ **attribute A to B**	AをBのせいにする
□ **culminate with [in] A**	Aで最高潮に達する
□ **eliminate**	削除する；脱落させる
□ **outfit A with B**	AにB（装備）を取り付ける
□ **redeem**	（引換券などを）商品・現金に換える
□ **reiterate**	繰り返して言う；反復する
□ **steer**	操縦する；導く
□ **supplement**	補足する
□ **tabulate**	（数字・情報などを）表にして示す
□ **thaw**	（冷凍食品などを）解凍する
□ **tow**	牽引する；レッカー移動する
□ **unveil**	発表する；明らかにする

40 トラブル・法律

TRACK 40

意外によく出る難語が揃っている

0625

disruption [disrʌ́pʃən]

名 混乱

動 disrupt「混乱させる」

仕事でも生活でもトラブルは付きものですが、TOEICで注意したい単語は**disruption**です。「混乱」という意味で、disruption to traffic「交通の混乱」、cause disruption「混乱を引き起こす」のように使います。

leakや**leakage**は水などの「漏れ」のことで、plumber「配管工」と一緒に使われることがあります。continueは「続ける」ですが、dis-を付けると**discontinue**「中止する；中止になる」になります。

法律の込み入った話題は出ませんが、基本的な単語は知っておく必要があります。**waive**は「権利を放棄する；適用を控える」の意味で、waive feesで「料金を免除する」、wave a ruleで「規則を適用しない」です。

There will be some disruption to traffic during the film festival.
映画祭の期間中は、交通が多少混乱するでしょう。

0626
disaster [dizǽstər]

名 災害；惨事

＊天災・人為的事故の両方で使う。

The oil spill was a disaster for the island nation.

石油の漏出はその島国にとって惨事だった。

0627
glitch [glítʃ]

名 故障

類 malfunction「故障」

The banking operations were suspended because of a computer glitch.

コンピューターの故障によって銀行業務が一時停止した。

0628
leak [lí:k]

名 漏れ　動 漏れる

＊leakageも「漏れ」の意味。

There is a leak in the bathroom pipe.

浴室のパイプが水漏れしています。

0629
discontinue [dìskəntínju:]

動 中止する；中止になる

反 continue「続行する；続く」

The train bound for Prague is being discontinued.

プラハ行きの列車は不通の状況です。

0630
troubleshoot [trʌ́blʃù:t]

動 修理する；解決する

名 troubleshooter「修理係；解決者」

They helped us troubleshoot network problems.

彼らは私たちがネットワークの問題を解決するのを助けてくれた。

0631
disorder [disɔ́:rdər]

名 不調；混乱

反 order「正常な状態；秩序」

The medication is used to treat stomach disorders.
この薬は胃の不調を治すのに使われる。

0632
obstacle [ɑ́bstəkl]

名 障害

＊face an obstacle「障害にぶつかる」

Medical research has faced many obstacles.
医学の研究は多くの障害にぶつかった。

0633
ban [bǽn]

動 禁止する　名 禁止

＊ban A from doing「Aが～するのを禁止する」

Smoking is banned in the theater.
劇場内では禁煙です。

0634
bar [bɑ́:r]

！「横棒」「酒場」の意味も

名 法曹界

＊the barと定冠詞のtheを付けるのが一般的。

He passed the bar exam on his third try.
彼は三度目の挑戦で司法試験に合格した。

0635
dispute [dispjú:t]

名 紛争；論争

＊in dispute「紛争中で」

The two companies are in dispute over patents.
その2社は特許を巡って紛争中だ。

0636

attorney [ətə́:rni]

名 弁護士

類 lawyer「弁護士」

The firm hired an acclaimed attorney for the trial.
その会社は裁判のために名の通った弁護士を雇った。

0637

legal [lí:gəl]

形 法律の；合法的な

反 illegal「違法の」 名 legislation「法律；立法」

You should consult a lawyer about such legal matters.
そういった法律案件は弁護士に相談したほうがいい。

0638

compensate [kámpənsèit]

！ 前置詞は for を使う

動 補償する

＊compensate (A) for B「(Aに)Bを補償する」

The company compensated employees for their extra hours worked.
会社は従業員に残業時間の補償をした。

0639

waive [wéiv]

動 放棄する；適用を控える

名 waiver「権利放棄；免責条項」

We waive the delivery fees for our special members.
私どもは当社の特別会員には配送費を免除します。

0640

infringe [infríndʒ]

動 違反する；侵害する

名 infringement「違反；侵害」 類 violate「違反する」

Copying books infringes copyright law.
本を複写することは著作権法に違反する。

41 意外な単語

発想を転換して覚えよう

0641 □ □

address [ədrés]

動 対処する；取り組む

意外な使い方をする単語で、注意すべきものは**address**でしょう。名詞として「住所」で知っていると思いますが、動詞では「対処する；取り組む」の意味で、address a problem「問題に対処する」のように使います。「話しかける」「スピーチする」の用法もあり、address a conference なら「会議でスピーチをする」です。名詞で「講演」「あいさつ」の意味でも使います。

storyも「物語」だけではありません。建物の「階」（ただし、外観の場合）でも使い、a five-story buildingで「5階建てのビル」となります。文脈からの類推も可能だと思いますが、知っておくと戸惑わずに済むでしょう。

The network problem must be addressed immediately.
ネットワークの問題はただちに対処されなくてはならない。

0642 □□

run [rʌ́n]

動 運営する

＊manageやcontrolと同様の意味で使える。

She runs three restaurants in town.
彼女は街で3軒のレストランを運営している。

0643 □□

walk [wɔ́:k]

! 他動詞で使える

動 散歩させる

＊他動詞で使うと、犬などを「散歩させる」の意味。

He walks his dog twice a day.
彼は自分の犬を一日に2回散歩させる。

0644 □□

water [wɔ́:tər]

! 動詞でも使える

動 水をやる

＊動詞で使うと、「水をやる」「水をまく」の意味。

A woman is watering the flowers.
女性が花に水をやっている。

0645 □□

matter [mǽtər]

動 重要である

＊Black lives matter.（黒人の命は大切だ）で有名になった。

What matters most is people.
一番大切なものは人だ。

0646 □□

meet [mí:t]

! suitも同意で使える。

動 満たす

＊「要望などを満たす」の意味で使う。

Our service is customizable to meet your needs.
お客様のニーズを満たすように当社のサービスはカスタマイズできます。

0647
secure [sikjúər]

動 確保する；獲得する

＊形容詞として「安全な」の意味だが、動詞としても使う。

The company secured a lucrative contract.

その会社は大きな収益の見込める契約を獲得した。

0648
drive [dráiv]

名 運動；キャンペーン

＊「気力；エネルギー」の意味もある。a drive for success（成功への意志）

The NPO started a donation drive for the needy.

そのNPOは恵まれない人々のための寄付キャンペーンを開始した。

0649
input [ínput]

名 意見；支援

＊「情報・業務などの貢献」→「意見」「支援」の意味で使える。

Any useful input is welcomed.

どんな有益な意見も歓迎します。

0650
room [rú:m]

名 余地；可能性

＊「空間」「場所」の意味でも使う。

There is still room for improvement.

まだ改善の余地がある。

0651
toast [tóust]

! 食パンだけではない

名 乾杯

＊make a toast「乾杯する」

I'd like to propose a toast for Joe.

ジョーのために乾杯したいと思います。

0652

account [əkáunt]

名 顧客；得意先

＊client や customer と同じ意味で使えるので注意。

We must keep that important account by any means.
我々はあの重要な顧客を何としてでも引き留めなければならない。

0653

chemistry [kémistri]

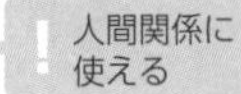

名 相性

＊人と人の「化学反応」→「相性」の意味で使う。

There is good chemistry between us.
私たちは相性がいい。

0654

story [stɔ́:ri]

名 (建物の)階

＊建物の外観の階を指す。階の中を示すときには floor を使う。

A 47-story high rise will be erected here.
47階建ての高層ビルがここに建ちます。

0655

atmosphere [ǽtməsfìər]

名 雰囲気；環境

＊「空気；大気」のほかに、「雰囲気；環境」の意味でも使う。

Productivity increases in a relaxing atmosphere.
くつろいだ雰囲気の中で生産性は向上する。

0656

literature [lítərətʃər]

名 印刷物

＊「文学」だけでなく、パンフレットなどの「印刷物」の意味でも使う。

Here's the literature on our new products.
これが当社の新製品のパンフレットです。

42 物・形・位置

Part 1の写真問題によく出る単語が多い

0657

pile [páil]

名 山；積み重ね
動 積み上げる

物や形を表す言葉の多くはごく普通の日常語ですが、日本の学習者は触れていないものもあるので注意が必要です。**pile**は紙などの「山」を表し、動詞としてもpile (up)で、「積み上げる」の意味で使います。**stack**も「山」「積み上げる」と同じように使えますが、stackには「整然とした」というニュアンスが入ります。

curbは歩道を仕切る「縁石」、**pole**は「棒；柱」、**receptacle**は「容器」の意味で、いずれもPart 1の要注意単語です。

Papers are stacked in piles.
書類が山のように積まれている。

0658 **corner** [kɔ́ːrnər]

名 隅

＊in the corner of A「Aの隅に」

A floor stand is placed in the corner.
フロア照明が隅に置かれている。

0659 **curb** [kə́ːrb]

! Part 1で要注意

名 縁石

＊動詞で「抑制する」の意味がある。

Some cars are parked along the curb.
何台かの車が縁石に沿って駐車されている。

0660 **lid** [líd]

! 箱や鍋などの蓋を指す

名 蓋

＊「瓶の蓋」はtop、「ペンの蓋」はcapと言う。

Get the lid off the box.
箱の蓋を開けてみて。

0661 **column** [kɑ́ləm]

名 円柱

＊円柱形のものも表せる。

A column of smoke is rising from the chimney.
煙突から煙の柱が立ち上っている。

0662 **edge** [édʒ]

名 端；縁

＊on the edge of A「Aの端[縁]に」

The couple is walking on the edge of the pool.
カップルがプールの縁を歩いている。

0663 □ □

receptacle [riséptəkl]

名 容器

類container「容器；コンテナ」

A man is throwing something into the receptacle.
男性が何かを容器の中に投げ捨てている。

0664 □ □

pole [póul]

名 棒；柱

＊rodは「棒；さお」。

A pole is leaning against the fence.
棒がフェンスに立てかけてある。

0665 □ □

dimension [dimén∫ən]

名 寸法；局面

＊「寸法」の意味では複数で使う。measurementやsizeが類語。

What are the dimensions of the cardboard box?
その段ボール箱の寸法はどれくらいですか。

0666 □ □

measure [méʒər]

動 測定する

＊名詞で「対策」「措置」の意味がある。

Shall I measure your body?
お身体のサイズを測りましょうか。

0667 □ □

depth [dépθ]

名 深さ；厚み

＊物の厚みも表す。length「長さ」

The depth of the creek is about 1.5 meters.
このクリークの深さは約1.5メートルです。

0668
distance [dístəns]

名 距離；隔たり

＊keep social distance [distancing]「社会的距離を保つ」

What's the distance between Tokyo and Kyoto?
東京と京都の間の距離はどれくらいですか。

0669
rectangular [rektǽŋgjələr]

形の表現もPart 1で注意

形 長方形の

関 square「正方形の」、triangular「三角形の」、round「円の」

The rectangular table is for meetings of up to 10 people.
この長方形のテーブルは10人までの会議用です。

0670
horizontal [hɔ̀ːrəzántəl]

形 水平の

反 vertical「垂直の」

You look shorter when you wear clothes with horizontal lines.
水平のストライプの服を着ると、背が低く見えますよ。

0671
diameter [daiǽmətər]

名 直径

関 radius「半径」

The electric wire is 60mm in diameter.
この電線は直径60ミリです。

0672
parallel [pǽrəlèl]

形 並行の

＊parallel with [to] A「Aと並行して」

The railway is parallel with Route 246.
その鉄道は246号線と並行して走っている。

43 増減する·管理実行する

「事業を拡大する」と言えますか

0673

□
□

increase [inkríːs]

動 増加する；増加させる

名 増加 [ínkriːs]

ビジネスでは数字を使うことが多いので、数量の変化を表す動詞が数多く使われます。その代表的なものが**increase**で、「増加する・させる」の意味で自動詞・他動詞の両方で使えます。価値などを「高める」の意味もあり、increase competitivenessなら「競争力を高める」です。反意語の**decrease**「減少する・させる」とセットで覚えておきましょう。

expandは業容拡大の場面で使われる動詞で、expand operationsで「事業を拡大する」です。**reduce**「減らす」はコストカットのテーマなどで使われ、reduce costs「経費を削減する」が代表的なコロケーションです。

The government decided to increase welfare spending.
政府は福祉支出を増加させることを決定した。

0674
expand [ikspǽnd]

動 拡大する

名 expansion「拡大」 expanse「広がり」

We will expand our operations in South America.
我々は南米での業務を拡大する予定だ。

0675
reduce [ridjúːs]

動 減らす；削減する

名 reduction「削減」

The new president had a plan to reduce costs.
新しい社長は経費を削減する計画を持っていた。

0676
decline [dikláin]

動 下落する；減少する　名 下落：減少

＊「断る」という意味でも使う。

Interest rates seem to be declining these days.
金利は最近、低下傾向にあるようだ。

0677
extend [iksténd]

動 拡大する；延長する

名 extension「拡大；（電話の）内線」

I wish they could extend the deadline.
彼らが納期を延長してくれればいいのだが。

0678
enlarge [inláːrdʒ]

動 拡大する；引き伸ばす

＊en-「～する」＋ large「大きい」＝「拡大する」

Pinch out the picture to enlarge it.
写真をピンチアウトして、拡大してみて。

0679 □ □

soar [sɔ́ːr]

! 「急落する」とセットで

動 急上昇する；急増する

反 plunge / plummet 「急落する」

House prices have soared in the city center.
市の中心部では住宅価格が急騰している。

0680 □ □

diminish [dimíniʃ]

動 減らす；減少する

類 lessen 「減らす；減少する」

Tourism diminishes during the winter season here.
ここでは冬場、観光業は減退する。

0681 □ □

handle [hǽndl]

動 取り扱う

＊ handling charges 「取り扱い手数料」

The courier company is handling the delayed shipment.
その宅配会社がその遅れた配送品を取り扱っている。

0682 □ □

tackle [tǽkl]

動 取り組む；立ち向かう

＊ 仕事や問題に「取り組む」の意味で使う。

The sales manager is tackling falling sales.
営業マネジャーは売り上げ減に取り組んでいる。

0683 □ □

allocate [ǽləkèit]

動 割り当てる

類 allot 「割り当てる」

The leader will allocate jobs to each team member.
リーダーがそれぞれのチームメンバーに仕事を割り振ります。

0684 appoint [əpɔ́int]

人事のテーマで

動 任命する；指定する

名 appointment「任命；約束」

She has been appointed as editor-in-chief.
彼女は編集長に任命された。

0685 accomplish [əkámpliʃ]

動 遂行する；達成する

名 accomplishment「遂行；達成」

He was able to accomplish a lot during his first month at work.
彼は職場での最初の1カ月で多くのことを成し遂げることができた。

0686 fulfill [fulfíl]

動 実行する；果たす

名 fulfillment「実行；履行」

The new software could fulfill user demands for security.
その新しいソフトはユーザーの安全性への要求を満たすだろう。

0687 oversee [òuvərsíː]

動 監督する；監視する

類 supervise「監督する」

The vice president will oversee the project.
副社長がそのプロジェクトを統括する。

0688 incorporate [inkɔ́ːrpərèit]

事業を「法人化する」の意味も

動 取り入れる；組み込む

形 incorporated「法人組織の」

Feedback from customers should be incorporated into new products.
顧客からの意見は新製品に取り入れられるべきだ。

44 指導する・意思疎通する

ensure、designate、authorizeは頻出動詞だ

0689

ensure [inʃúər]

動 確実にする；保証する

ビジネスのさまざまな場面でよくお目にかかる動詞の一つが**ensure**です。仕事や物事が進むことを「確実にする」「保証する」という意味で使います。フォーマルな響きがあって、その意味のように信頼感を伝えることができる言葉です。

ensure safetyで「安全を保証する」、ensure high-quality serviceで「高品質のサービスを保証する」です。また、Please ensure <u>that</u> the deal is sealed by weekend.「週末までに確実に取引を成立させてください」のようにthat節を続ける形でもよく用います。

Every precaution is taken to ensure passengers' safety.
乗客の安全を確保するためにあらゆる予防措置がとられる。

0690

designate [dézignèit]

動 指定する；指名する

＊a designated seat「指定席」

Please designate a time for the meeting.
その会議の時間を指定してください。

0691

authorize [ɔ́:θəràiz]

動 承認する；権限を与える

名 authority「権威；当局」

The bank manager must authorize any large transaction.
銀行の支店長は大きな取引の承認をしなければならない。

0692

encourage [inkə́:ridʒ]

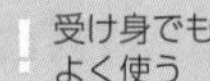

動 励ます；促す

類 urge「促す」

The CEO tried to encourage the recruits with his speech.
CEOはスピーチで新入社員を激励しようとした。

0693

indicate [índikèit]

動 示す；表示する

名 indication「指示；徴候」

The research indicates a close relation between temperatures and sales.
その調査は、気温と売り上げの密接な関係を示している。

0694

instruct [instrʌ́kt]

動 指示する；教える

名 instruction「指示；指導」 instructor「指導者」

He was instructed to attend the meeting.
彼はその会議に出るように指示された。

0695
□□
persuade [pərswéid]

動 説得する；説得して～させる

類convince「確信させる；説得する」

She persuaded the director to approve the plan.
彼女は取締役を説得して、その計画を承認してもらった。

0696
□□
solicit [səlísit]

動 要請する

＊an unsolicited e-mail「迷惑メール」

The group solicited funds to help disaster victims.
そのグループは被災者を支援するための資金を要請した。

0697
□□
inform [infɔ́ːrm]

! 前置詞ofと一緒に使う

動 知らせる；報告する

形 informative「情報が役立つ」

The manager will inform the staff of the new office rules.
マネジャーがスタッフに新しい社内規則を知らせます。

0698
□□
claim [kléim]

動 主張する；要求する

＊名詞も同形で「主張」「要求」の意味。

The doctor claims that surgery is necessary for my knee.
医者は、私の膝には手術が必要だと主張している。

0699
□□
blame [bléim]

! 前置詞forと一緒に使う

動 非難する；～のせいにする

＊blame A for B「BをAのせいにする」

The president blamed the economic downturn for poor sales.
社長は販売不振を経済不況のせいにした。

0700

neglect [niglékt]

動 無視する；放置する

名 negligence「怠慢；過失」

A food server must never neglect a customer.

料理の給仕係は顧客をおろそかにしてはいけません。

0701

suggest [sədʒést]

動 提案する；示唆する

名 suggestion「提案；示唆」 類 imply「ほのめかす」

The boss suggested I call the client immediately.

上司は私にすぐに顧客に電話するようアドバイスした。

0702

admire [ədmáiər]

動 称賛する

名 admiration「称賛」 類 praise「称賛する；褒める」

Most guests admire the views from the Equatorial Hotel.

多くの宿泊客はエクアトリアル・ホテルからの眺めを称賛する。

0703

impress [imprés]

動 印象づける；感動させる

形 impressive「印象的な」 名 impression「印象」

It's important to impress your interviewers if you want to be hired.

採用されたいと思うなら、面接官を印象づけることが重要だ。

0704

congratulate [kəngrǽtʃəlèit]

動 祝う

＊congratulate A on [for] B「BについてAをお祝いする」

I congratulate you on your promotion.

ご昇進、おめでとうございます。

45 評価する・賛否を表す

意味と用法に注意して覚えたい

0705
□
□

appreciate [əpríːʃièit] 

動 評価する；感謝する
名 appreciation「評価；感謝」

appreciate はTOEICによく出るだけでなく、メールを書くときにも重宝する動詞です。「評価する」「感謝する」の2つの主要な意味があり、appreciate him greatlyで「彼を高く評価する」、I really appreciate your support.で「ご支援に深く感謝いたします」です。またI'd appreciate your advice.とすれば「アドバイスをいただけるとありがたいのですが」と、仮定法のwould ('d)を使った丁寧な依頼文になります。

自動詞で使うと「価値が上がる」の意味です。The property appreciated in value.「その物件は価値が上がった」。

I'd appreciate it if you could decide in a few days.
2、3日でご決断いただけますとありがたいです。

0706 estimate [éstimèit]

動 見積もる；評価する

＊名詞として「見積(書)」の意味でよく出る。

The team estimated the cost of purchasing the factory site.

そのチームは工場用地を購入するコストを見積もった。

0707 investigate [invéstigèit]

動 調べる；捜査する

名 investigation「調査；捜査」 類 search「探す；調べる」

The engineers were told to investigate the cause of the shutdown.

エンジニアは機能停止の原因を調べるように言われた。

0708 analyze [ǽnəlàiz]

動 分析する

名 analysis「分析」 analyst「分析官；アナリスト」

Researchers are now analyzing the gathered data.

調査担当者たちが今、集めたデータを分析しているところです。

0709 regard [rigɑ́:rd]

動 見なす；尊重する

前 regarding「～について」 副 regardless「それにもかかわらず」

I regard the manager's judgment the most.

私は課長の判断を最大限尊重します。

0710 inspect [inspékt]

動 検査する；視察する

名 inspection「検査；視察」 inspector「検査官」

The supervisor inspected the factory floor.

管理責任者は工場の現場を点検した。

0711 □ □

evaluate [ivǽljuèit]

動 評価する；審査する

類 appraise「鑑定する」 assess「査定する」

No curators could evaluate the authenticity of the painting.

どの学芸員もその絵の真贋を評価できなかった。

0712 □ □

rate [réit]

！ 多様な用法がある

動 評価する；格付けする

＊名詞も同形で「等級」のほか、「速度」「割合」「料金」の意味で使う。

Iceland was rated No.1 in gender equality.

アイスランドは男女平等で第1位に評価された。

0713 □ □

oppose [əpóuz]

動 反対する；対抗する

＊他動詞として使う。oppose A「Aに反対する」

The labor union opposed the merger.

労働組合は合併に反対した。

0714 □ □

consent [kənsént]

！ 自動詞として使う

動 同意する 名 同意

＊consent to A「Aに同意する」

The supplier eventually consented to the conditions we proposed.

サプライヤーは最後に我々が提示した条件に同意した。

0715 □ □

refuse [rifjúːz]

動 拒否する；断る

類 reject「拒絶する；はねつける」

The client refused to renegotiate the contract.

顧客は契約を再交渉することを拒否した。

0716 □ □

recommend [rèkəménd]

動 推奨する；勧める

名 recommendation「推奨」

He recommended an online outsourcing agency.
彼はオンラインの外部委託会社を推奨した。

0717 □ □

concede [kənsíːd]

動 (不都合なことを)認める；譲る

名 concession「譲歩；許可」

The candidate conceded to his opponent.
その候補は対立候補に対して敗北を認めた。

0718 □ □

accept [əksépt]

動 受け入れる；引き受ける

形 acceptable「受け入れ可能な」

Melissa accepted the offer from an IT startup.
メリッサはITの新興企業からのオファーを承諾した。

0719 □ □

emphasize [émfəsàiz]

動 強調する

類 stress「強調する」 highlight「目立たせる」

The president emphasized the importance of interaction among divisions.
社長は部門間の交流の重要性を強調した。

0720 □ □

endorse [indɔ́ːrs]

動 推奨する；承認する

＊広告で「商品などを推奨する」の意味に注意。

Our new sports shoe line is endorsed by prominent athletes.
当社の新しいスポーツシューズラインは著名なアスリートの推奨を受けている。

46 改善する·意志を示す

企業に改善・改革は不可欠である

0721 □□

reform [rifɔ́ːrm]

動 改革する；改善する
名 改革；改善

トヨタがkaizen「カイゼン」で名をはせたように、企業は持続的に成長していくために常に改善・改革に取り組まなければなりません。**reform**「改革する」や**improve**「改善する」はその代表的な動詞でTOEICにもよく出ます。なお、reformには住まいのリフォーム（renovateやrefurbishを使う）の意味はなく、制度・システムなどを目的語にとります。**modify**は「部分的に変更する」、**revise**は「見直す；改訂する」の意味で使います。

やや難しい動詞で**streamline**がありますが、元々「流線形」の意味で、組織や業務などを流線形のイメージで「合理化する」の意味で用います。

The board members voted to reform the organization.
役員会のメンバーはその組織を改革することを投票で決めた。

0722
improve [imprúːv]

動 改良する；好転する

名 improvement「改良；好転」

The two leaders met to improve relations between their countries.

その2人の指導者は両国関係を改善するために会った。

0723
modify [mɑ́difài]

動 変更する

名 modification「変更」 類 alter「変更する」

Ms. Cho asked the HR director to modify her contract.

チョーさんは人事部長に契約を変更してくれるよう求めた。

0724
revise [riváiz]

動 改訂する

名 revision「改訂」 類 amend「修正する」

Stock price predictions have been revised upwards.

株価の予測は上方修正されている。

0725
renew [rinjúː]

! 契約の更新で頻出

動 更新する；新しくする

名 renewal「更新」

I will renew my membership with the online retailer.

私はそのオンライン小売店との会員契約を更新するつもりだ。

0726
adjust [ədʒʌ́st]

動 調整する；順応する

＊adjust A to B「AをBに合わせて調整する」、adjust to A「Aに順応する」

The personnel manager adjusted the employees' schedules.

人事部長は従業員のスケジュールを調整した。

0727

intend [inténd]

動 つもりである

＊intend to do「～するつもりである」

Tom intends to decline the offer from the consultancy.

トムはそのコンサルタント会社からのオファーを断るつもりだ。

0728

integrate [íntəgrèit]

動 統合する；溶け込ませる

形 integral「不可欠な」 類 consolidate「集約する；強化する」

Management wants to integrate the company's online services.

経営陣は会社のオンラインサービスを統合したいと考えている。

0729

streamline [strí:mlàin]

動 合理化する；簡素化する

＊streamlineは名詞で「流線形」の意味。

Streamlining the production process could save over 10% of costs.

生産プロセスを合理化すれば10%以上のコストが削減できそうだ。

0730

determine [ditə́:rmin]

動 決心する；突き止める

形 determined「決意している；決然とした」

She determined to start her own business.

彼女は自分のビジネスを始める決心をした。

0731

realize [rí:əlàiz]

動 実現する；気がつく

＊realize one's mistake「ミスに気づく」 名 reality「現実」

Our team hasn't yet realized its full potential.

我々のチームはまだその潜在力のすべてを発揮してはいない。

0732 **certify** [sə́ːrtifài]

動 保証する；証明する

＊certified public accountant (CPA)「公認会計士」

I certify and affirm all the facts in this application.

この申請書のすべての事実について保証し、確約します。

0733 **grant** [grǽnt]

動 許可する；供与する

＊名詞で「助成金」の意味で使う。

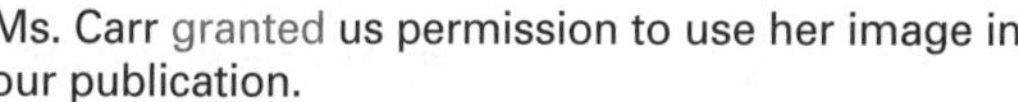

Ms. Carr granted us permission to use her image in our publication.

カー氏は彼女の画像を我々の出版物で使用することを許可してくれた。

0734 **dedicate** [dédikèit]

! 分詞形容詞も頻出

動 捧げる；専念させる

形 dedicated「献身的な」 名 dedication「献身」

He dedicated his life to education.

彼は生涯を教育に捧げた。

0735 **inspire** [inspáiər]

! 受け身でよく使う

動 鼓舞する；奨励する

名 inspiration「鼓舞；インスピレーション」

I was inspired by the CEO's speech.

私はCEOのスピーチに感動しました。

0736 **abandon** [əbǽndən]

動 断念する；破棄する

類 relinquish「断念する；放棄する」

We abandoned the project due to a lack of funding.

我々は資金不足のためそのプロジェクトを断念した。

47 生活・職場での動作

TRACK 47

動作を表す動詞はPart 1でも要注意！

0737

unfold [ʌ̀nfóuld]

動 広げる

＊「（話などが）展開する」の意味もある。

日常生活や職場でのふつうの動作にも意外に知らない単語があるものです。

foldは「たたむ」の意味で、その反意語が**unfold**「広げる」です。どちらも生活の中でよく使う動詞なのでペアで覚えておくと便利です。同様に、**lock**「カギを掛ける」― **unlock**「カギを開ける」、**pack**「詰める」― **unpack**「取り出す」、**load**「荷積みをする」― **unload**「荷下ろしをする」、**cap**「蓋をする」― **uncap**「蓋を開ける」、**bind**「縛る」― **unbind**「ほどく」などのペアがあります。

propは「立てかける」の意味で、prop A against B「AをBに立てかける」の形でPart 1に出ます。

One of the rangers is unfolding a map on the ground.
森林監視員の一人が地面に地図を広げている。

0738 **hand** [hǽnd]

! 動詞でも使う

動 手渡す

類 pass「手渡す」

A shop clerk is handing the merchandise to the customer.
店員が客に商品を手渡している。

0739 **cross** [krɔ́:s]

動 渡る

＊a pedestrian crossing「横断歩道」

People are crossing the street.
人々が通りを渡っている。

0740 **bend** [bénd]

! 基本動作をまとめて

動 かがむ

類 crouch「しゃがむ」、kneel「膝をつく」

He bent down to fix his shoe.
彼はかがんで靴紐を直した。

0741 **pack** [pǽk]

動 詰め込む

類 stow「しまい込む」

A woman is packing clothes into the suitcase.
女性が服をスーツケースに詰め込んでいる。

0742 **insert** [insə́:rt]

動 挿入する；はさみ込む

関 swipe「（カードを）機械に通す」

First, insert your card into the slot.
まず、あなたのカードを挿入口に差し込んでください。

0743
glimpse [glímps]

動 ちらりと見る

＊名詞も同形。have [get] a glimpse「ちらりと見る」

He glimpsed the schedule table before answering me.

彼は私に答える前に、スケジュール表をちらりと見た。

0744
prop [práp]

動 立てかける

＊prop A against B「AをBに立てかける」

A man is propping a ladder against the house.

男性が家にはしごを立てかけている。

0745
stack [stǽk]

動 積み重ねる　名 積み重ね；大量

類 pile (up)「積み上げる」

Files are stacked on the desk.

ファイルが机の上に積み重ねられている。

0746
submit [səbmít]

動 提出する

名 submission「提出（物）」

I've already submitted the report to the committee.

私はすでにその報告書を委員会に提出しました。

0747
arrange [əréindʒ]

動 整える；準備する；手配する

名 arrangement「手配；取り決め」

Everything is arranged for the wedding reception.

結婚披露宴のためにすべてが整えられている。

0748
install [instɔ́:l]

動 設置する；(ソフトを)インストールする

名 installment「設置；分割払い(の1回分)」

The crews are installing a crane beside the road.
作業員たちがクレーンを道路脇に設置している。

0749
repair [ripéər]

動 修理する

類 mend / fix「修理する」

The serviceman will come soon to repair the copier.
修理担当者がコピー機を修理するためにすぐに来てくれる。

0750
accompany [əkʌ́mpəni]

動 同行する；付属する

＊an accompanying manual「付属のマニュアル」

She'll accompany her supervisor to visit the client.
彼女はクライアントを訪問する上司に同行する。

0751
remove [rimú:v]

動 取り除く

名 removal「除去」

This detergent can remove wine stains.
この洗剤はワインの染みを取り除くことができる。

0752
resolve [rizálv]

動 解決する；決議する

名 resolution「解決；決議」

The dispute was resolved by negotiations.
紛争は交渉によって解決された。

48 注意したい重要動詞

よく使うノンジャンルの動詞を覚えよう

0753

observe [əbzə́ːrv]

動 観察する；気づく；遵守する；祝う

TOEIC頻出動詞の中には、重要な意味が複数あるものがあります。その代表例が**observe**です。observe a planet「惑星を観測する (= watch)」、observe something new「新しいことに気づく (= notice)」、observe a rule「規則を遵守する (= comply with)」、observe an anniversary「記念日を祝う (= celebrate)」の4つの用法を確認しておきましょう。

caterにも注意が必要です。cater for a party「パーティーに食事のサービスをする」、cater to demands「要求に応える」のように、前置詞のforとtoで意味が異なります。

We've observed how people spend time on the train.
私たちは人々が電車の中でどんなふうに過ごすかを観察しました。

0754
cooperate [kouάpərèit]

動 協力する

名 cooperation「協力」

The two parties will cooperate according to the agreement.

契約に従って、両者は協力することになる。

0755
affect [əfékt]

動 影響する

名 affection「愛情」 類 influence「影響する」

Car sales were adversely affected by the tax increase.

自動車販売は増税によって悪影響を受けた。

0756
require [rikwáiər]

動 必要とする；求める

＊require A to do「Aに～することを求める」

We require your signature on all documents.

すべての書類にあなたの署名が必要です。

0757
acquire [əkwáiər]

動 獲得する；習得する

名 acquisition「獲得；習得」 類 obtain「獲得する」

The large corporation wants to acquire a small start-up.

その大企業は小さな新興企業を獲得したいと考えている。

0758
retain [ritéin]

動 保つ；留保する

名 retention「保持；維持」

We will retain Jack as our lawyer.

私たちはジャックを弁護士として雇っておくつもりだ。

0759
recognize [rékəgnàiz]

動 認める；評価する

形 recognized「認められた」 名 recognition「認識；評価」

She is widely recognized as an innovator in calligraphy.

彼女は書道の革新者として広く認められている。

0760
predict [pridíkt]

動 予測する

類 forecast「予想する」 envisage「見込む」

We cannot predict the market even one month from now.

我々は1カ月先の市場でさえ予測できない。

0761
cater [kéitər]

動 (要望に)応える；料理を出す

* cater for a party「パーティーに料理を出す」

Our outdoor goods cater mainly to hikers and mountain lovers.

当社のアウトドア製品は主にハイカーや登山愛好者のニーズに応えるものです。

0762
deserve [dizə́ːrv]

動 値する；～にふさわしい

* deserve to do「～するに値する」、deserve doing「～されるに値する」

Ms. Cale deserves praise for landing several big deals.

ケールさんはいくつかの大きな契約を獲得したので称賛に値する。

0763
substitute [sʌ́bstitjùːt]

! 名詞で「代役」「代用品」

動 代わりに使う；代用する

* substitute A for B「AをBの代わりに使う」

You can substitute coriander for basil.

バジルの代わりにパクチーを使うこともできます。

0764

settle [sétl]

！2つの意味がある

動 解決する；定住する

名 settlement「解決；定住(地)」

The patent dispute between the two companies hasn't yet been settled.

その2社の間の特許権紛争はまだ解決していない。

0765

interrupt [ìntərʌ́pt]

動 遮る；邪魔をする

類 bother「邪魔をする」 obstruct「さえぎる」

I'm sorry to interrupt you, but you have a visitor.

仕事のお邪魔をしてすみませんが、お客様がいらしています。

0766

possess [pəzés]

動 所有している

名 possession「所有」

The castle on the hill is now possessed by an American billionaire.

その丘の上の城は今、アメリカ人の大富豪に所有されている。

0767

explore [ikspló:r]

動 探検する；探求する

名 exploration「探検；探求」

The best way to explore the village is by bike.

その村を探索する最良の方法は自転車を使うことだ。

0768

enable [inéibl]

！用法に注意

動 可能にする

＊enable A to do「Aが～することを可能にする」

An alliance with the local company enabled us to enter the Turkish market.

地元企業との提携で我々はトルコ市場に参入することができた。

0769

cause [kɔ́ːz]

動 引き起こす；～の原因になる

＊名詞も同形で「原因」「大義」の意味がある。

I'm sorry for the troubles we caused.
ご迷惑をおかけしてすみません。

0770

opt [ápt]

動 選択する

名 option「選択肢」 形 optional「選択できる」

Many young chefs are opting to work abroad.
多くの若いシェフが海外で働くことを選択している。

0771

resume [rizjúːm]

動 再開する

名 resumption「再開」

Hotels around here usually resume operations in March.
このあたりのホテルはふつう、3月から営業を再開します。

0772

avoid [əvɔ́id]

動 避ける；敬遠する

類 evade「避ける；かわす」

You shouldn't use the Silver Bridge to avoid traffic.
渋滞を避けるためには、シルバー橋を使わないほうがいい。

0773

conform [kənfɔ́ːrm]

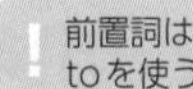

動 従う；一致する

＊conform to A「Aに従う；Aと一致する」

All our overseas factories conform to local laws and regulations.
当社の海外工場はすべて現地の法律や規則に従っている。

0774

entitle [intáitl]

動 資格を与える

＊ be entitled to A [do]「Aの[～する]資格がある」の受け身でよく使う。

Full-time employees are entitled to 20 days of paid parental leave.

正社員は20日間の有給の育児休暇を取る資格がある。

0775

expedite [ékspədàit]

動 早める

㊫hasten「急がせる」 accelerate「加速する」

You will be charged additionally for expedited delivery.

配送を早める場合には、追加料金が請求されます。

0776

incur [inkə́ːr]

動（損害などを）被る；（費用などを）負担する

＊ incur expenses「費用を負担する」

Damage incurred due to the user's misuse will not be compensated.

ユーザーの誤用によって被った損害は補償されません。

\ Learn More /

8

ちょい難形容詞

- □ **aesthetic** 美学の
- □ **ambiguous** あいまいな
- □ **anonymous** 匿名の
- □ **biased** 偏見のある
- □ **breathtaking** 息を呑むような
- □ **cozy** 居心地がいい
- □ **crisp** （食感が）パリパリした；（野菜などが）新鮮な
- □ **ergonomic** 人間工学に基づいた
- □ **fabulous** すばらしい
- □ **hectic** 非常に忙しい
- □ **holistic** （医療が）心身一体的な
- □ **invaluable** 計り知れない価値のある
- □ **stringent** 厳しい；厳格な
- □ **stunning** がく然とさせる
- □ **unwavering** 揺るぎない

\ Learn More /
9

ちょい難名詞

□ **acquaintance**	知り合い；知人
□ **advent**	到来；出現
□ **assortment**	(同一物の) 各種取り集め
□ **décor**	装飾；内装
□ **encryption**	(データの) 暗号化
□ **horticulture**	園芸
□ **landfill**	(ごみの) 埋め立て地
□ **pediatric**	小児科医
□ **porcelain**	磁器
□ **raffle**	宝くじ；富くじ
□ **recap**	要約；要点
□ **repertoire**	レパートリー
□ **transformation**	変化；変換
□ **troupe**	(俳優・サーカスなどの) 一座
□ **turnover**	総売上；離職率；(商品の) 回転率
□ **vet (= veterinarian)**	獣医

49 人・モノを形容する

acclaimedとその類語は人の紹介に出る

0777 □ □

acclaimed [əkléimd]

形 高く評価された

動 acclaim「称賛する」

人の形容にはポジティブな形容詞が多く使われます。人物紹介でよく登場するのが**acclaimed**です。動詞のacclaimは「称賛する」という意味で、その過去分詞のacclaimedは「称賛された」→「高く評価された」です。an acclaimed architectなら「高く評価された建築家」となります。同様の場面で、**renowned**、**acknowledged**、**esteemed**などの類語も使われます。

Part 5では人・モノの形容の区別が問われることがあります。例えば、**reliable**「信頼できる」は人のほかモノも形容できますが、**knowledgeable**「精通している」は人しか形容できません。

Hirth Jimenez is an acclaimed pianist who won multiple awards.
ハース・ヒメネスは数多くの賞を獲得した評価の高いピアニストです。

0778
knowledgeable [nálidʒəbl]

形 精通している；博識な

＊knowledge「知識」＋ -able「できる」＝「精通している」

He is very knowledgeable about Japanese culture.
彼は日本文化に精通している。

0779
diligent [dílidʒənt]

形 勤勉な；熱心な

類 industrious「勤勉な」

Ms. Schwartz is our most diligent worker.
シュワルツさんは当社の最も勤勉な社員だ。

0780
talented [tǽləntid]

形 才能のある

名 talent「才能」 類 gifted「才能のある」

I'm happy to work with talented colleagues.
才能豊かな同僚と仕事ができてハッピーです。

0781
aware [əwéər]

! 前置詞ofと結びつく

形 気づいて；認識して

類 conscious「気づいて；意識して」 attentive「注意深い」

Some analysts were aware of the risks at that time.
何人かのアナリストはその時点でリスクに気づいていた。

0782
liable [láiəbl]

! 「～しがちである」の意味も

形 責任を持つ

＊be liable for [to do]「～に[～することに]責任を持つ」

We aren't liable for any damages caused by the customer.
お客様が原因となるいかなる損害に対しても私どもは責任を負いかねます。

0783 □ □

generous [dʒénərəs]

形 気前のいい；寛大な

＊a generous bonus「多額のボーナス」のようにモノも修飾できる。

Mr. Rahir is one of the most generous donors for the museum.

ラヒールさんはその美術館の最も惜しみない献金者の一人だ。

0784 □ □

enthusiastic [inθjù:ziǽstik]

形 熱心な；情熱的な

類 eager「熱意のある」 passionate「情熱的な」

The team members are very enthusiastic about the new plan.

チームのメンバーは新しい計画にとても熱心だ。

0785 □ □

available [əvéiləbl]

! 在庫の有無にも使う

形 利用できる

反 unavailable「利用できない」

Is this jacket available in a smaller size?

このジャケットの小さなサイズのものはありますか。

0786 □ □

reliable [riláiəbl]

形 信頼できる

類 dependable「信頼できる」

My PC is old but it's reliable.

私のパソコンは古いが、信頼できる。

0787 □ □

huge [hjú:dʒ]

形 巨大な

類 enormous「巨大な」 vast「莫大な；広大な」

Our sales campaign was a huge success.

我々の販売キャンペーンは大成功だった。

0788

obsolete [ɔ̀bsəlíːt]

形 旧式の；時代遅れの

類 outdated / old-fashioned「時代遅れの」

We need to replace obsolete printing machines with the latest ones.

私たちは時代遅れの印刷機械を最新のものに交換する必要がある。

0789

reasonable [ríːzənəbl]

! 値段の形容に注意

形 価格が手ごろな；合理的な

* a reasonable decision「合理的な決断」

The price of the second-hand car was reasonable.

その中古車の値段は手頃だった。

0790

multiple [mʌ́ltipl]

! 選択肢によく登場する

形 多数の

類 numerous「多数の」

He applied for a multiple entry visa.

彼は複数回入国可能なビザを申請した。

0791

durable [djúərəbl]

形 耐久性がある

* durable goods「耐久消費財」

Titanium is a lightweight yet very durable material.

チタンは軽いが、きわめて耐久性のある素材だ。

0792

ample [ǽmpl]

形 豊富な；十分すぎるほどの

類 abundant「豊富な；大量の」 sufficient「十分な」

We still have ample budgets for more advertising and promotion.

私たちには、さらに広告と販促を打つ十分な予算がまだある。

50 状況・空間・程度を形容する

significant、substantialは数量表現として使う

0793 □□

significant [signífikənt]

形 (数量が)相当な；重要な
副 significantly「相当；重要なことには」

significantは「重要な」が第一の意味ですが、数量を形容するときには「かなりの；相当な」の意味で使い、significant increaseなら「相当な上昇」になるので注意しましょう。副詞も同様です。increase significantlyで「相当、上昇する」です。**considerable**や**substantial**も数量について「かなりの；相当な」の意味で使います。

spaciousはspace「空間」の形容詞形で、「空間が広々とした」の意味で使います。a spacious room「広々とした部屋」、spacious accommodations「広々としたホテル」などです。部屋の形容によく使うので覚えておきましょう。room「部屋」の形容詞形の**roomy**も同様の意味です。

We experienced a significant drop in sales last quarter.
我々は前四半期、売り上げの大幅減に陥った。

0794
crucial [krúːʃəl]

形 きわめて重大な；決定的な

類pivotal「重要な；中心的な」 critical「重大な；批判的な」

Design and mileage are two crucial factors in the success of cars.

デザインと燃費は乗用車の成功のきわめて重要な2つの要素である。

0795
equivalent [ikwívələnt]

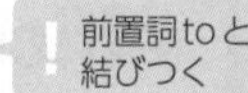

形 同等の；同量の

＊equivalent to A「Aと同等の」 類identical「全く同じの」

The rival's product is almost equivalent to ours.

そのライバル会社の製品は当社のものとほとんど同じだ。

0796
complicated [kámpləkèitid]

形 複雑な

類complex「複雑な」

The lawyer was asked to handle a complicated case.

その弁護士は複雑な案件を処理するよう求められた。

0797
stable [stéibl]

形 安定した；落ち着いた

類steady「確固とした；固定された」

Our company has enjoyed stable growth for the past decade.

我が社は過去10年にわたって安定して成長してきた。

0798
previous [príːviəs]

形 前の

類prior「前の」 preceding「先の」

She worked as a police officer in her previous job.

彼女の前職は警官だった。

0799 □ □

initial [iníʃəl]

形 最初の

副 initially「当初は」

The construction is still in the initial stage.
建設工事はまだ最初の段階です。

0800 □ □

efficient [ifíʃənt]

! 人にも使える

形 効率的な；能力のある

＊an efficient mechanic「能力のある修理工」

Tokyo's subway system is one of the most efficient in the world.
東京の地下鉄システムは世界で最も効率的なものの一つだ。

0801 □ □

opposite [ápəzit]

! Part 1でも注意

形 反対側の；逆の

類 contrary「正反対の」 reverse「逆の」

Please park on the opposite side of the street.
通りの向こう側に駐車してください。

0802 □ □

external [ekstə́ːrnəl]

形 外部の；外側の

反 internal「内部の；内側の」

Connect the computer's external drive.
コンピューターの外付けドライブを接続してください。

0803 □ □

spacious [spéiʃəs]

! spaceから連想しよう

形 広々とした

類 roomy「広々とした」

I'll move into a more spacious office.
私はもっと広いオフィスに移転します。

0804
adjacent [ədʒéisənt]

形 隣接した

＊adjacent to A「Aに隣接した」 類adjoining「隣接した」

The party will take place at a café adjacent to the library.

パーティーは図書館の隣にあるカフェで行われる。

0805
remote [rimóut]

「わずかな」の意味もある

形 (空間・時間的に)遠く離れた

＊a remote chance「わずかなチャンス」

The population of the remote village is rapidly decreasing.

そのへんぴな村の人口は急速に減少している。

0806
surrounding [səráundiŋ]

形 近辺の

動 surround「囲む」

We usually go on a picnic in the surrounding countryside.

私たちはよく近郊の田舎にピクニックに出かけます。

0807
regional [ríːdʒənəl]

形 地域の；地方の

名 region「地域」

Ben is our regional manager in charge of East Asia.

ベンは当社の東アジア担当地域マネジャーです。

0808
overseas [óuvərsìːz]

副詞でも使う

形 海外の

＊work overseas「海外で働く」

Overseas students make up about 40% of the college.

海外からの学生がその大学のおよそ40%を占める。

0809 □ □
proper [prápər]
形 適切な；妥当な
類 suitable / appropriate「適切な；ふさわしい」

Please follow the proper procedures when entering the laboratory.
研究所に入るときには適切な手順に従ってください。

0810 □ □
effective [iféktiv]
形 効果的な
名 effect「影響；効果」

Ms. Hara came up with an effective solution to the problem.
ハラさんはその問題の効果的な解決策を考え出した。

0811 □ □
accurate [ǽkjərət]
形 正確な；厳密な
類 exact「的確な；精密な」

The witness gave accurate details about the accident.
目撃者はその事故についての詳細を正確に話した。

0812 □ □
intensive [inténsiv]
! 反意語も頻出
形 集中的な；徹底的な
反 extensive「広範囲の」

Mr. Torino will take an intensive language course.
トリーノさんは集中語学コースを受けるつもりだ。

0813 □ □
obvious [ábviəs]
形 明らかな
類 evident「明らかな」

It is obvious that he will accept our offer.
彼が我々のオファーを受けるのは明らかだ。

0814 □□

essential [isénʃəl]

形 必要不可欠な；本質的な

＊名詞で「不可欠なもの」「重要事項」の意味で使う。

Regular exercise is essential for your health.
定期的な運動は健康に不可欠だ。

0815 □□

prestigious [prestíːdʒəs]

形 名声のある；一流の

名 prestige「名声」

It takes many years to establish a prestigious brand.
一流のブランドを作り上げるには何年もかかる。

0816 □□

inevitable [inévitəbl]

形 避けられない

＊in-「〜ない」+ evitable「避けられる」=「避けられない」

The sale of our firm now seems inevitable.
我々の会社の売却は今や避けられないようだ。

51 分詞形容詞・ハイフン形容詞など

分詞形容詞は動詞を軸に覚えよう

0817 □□

fascinating [fǽsinèitiŋ]

形 魅力的な

動 fascinate「魅惑する」

分詞形容詞は動詞とセットで覚えておくと便利です。動詞**fascinate**は「魅惑する」で、現在分詞の**fascinating**にするとモノが人を「魅惑する」、過去分詞の**fascinated**にすると人がモノに「魅惑される」という関係です。他にも**bore**、**amaze**、**satisfy**、**disappoint**など、感情を表す動詞に同様の用法があります。

ハイフンを使って複数語を一体化した形容詞もよく使われます。top「最上位の」＋ notch「等級」＝ **top-notch**「一流の」、high「高い」＋ profile「目立ち方」＝ **high-profile**「注目を浴びる」など。ハイフン形容詞はその場に合わせて、比較的自在に作ることも可能です。a three-month-old kitten「生後3カ月の子猫」。

The dinner cruise on the Rhine was quite fascinating.
ライン川のディナークルーズはとても魅力的なものでした。

0818 boring [bɔ́:riŋ]

! 現在分詞・過去分詞のセットで (818~824)

形 退屈させる

* bored 「退屈した」

The vice president gave a boring speech.
副社長は退屈なスピーチをした。

0819 amazing [əméiziŋ]

形 驚くべき；すばらしい

* amazed 「驚いた；感心した」

We had an amazing first quarter.
我が社の第1四半期はすばらしいものでした。

0820 satisfied [sǽtisfàid]

形 満足した

* satisfying 「満足させる」

The CEO signed the contract with a satisfied smile.
CEOは満足した笑みを浮かべて契約書にサインした。

0821 disappointing [dìsəpɔ́intiŋ]

形 失望させる

* disappointed 「失望した」

Mr. Riley was tired and gave a disappointing presentation.
ライリーさんは疲れていて、期待外れのプレゼンをした。

0822 exhausted [igzɔ́:stid]

形 疲弊した

* exhausting 「疲弊させる」

The employees were exhausted, so they called it a day.
社員たちは疲れ切っていたので、仕事を切り上げた。

0823

confusing [kənfjú:ziŋ]

形 混乱させる

＊confused「混乱した」

The instructions on their website were quite confusing.

彼らのウェブサイト上の指示は非常にまぎらわしいものだった。

0824

intriguing [intrí:giŋ]

形 興味をそそる

＊intrigued「興味を覚えた」

Everyone stops in front of an intriguing mural on the building.

その建物の興味深い壁画の前でみんなが立ち止まる。

0825

top-notch [tɔ̀p-nɔ́tʃ]

形 一流の；最高の

類 top-of-the-line / top-tier「一流の」

She graduated from a top-notch university.

彼女はトップクラスの大学を出た。

0826

self-employed [sèlf-implɔ́id]

形 自営の

類 freelance「自由契約の」

I've been self-employed for five years.

私は5年間、自営で働いています。

0827

last-minute [lǽst-mínət]

形 土壇場での

＊at the last minute「土壇場で」

They reached an agreement in the last-minute negotiations.

彼らは土壇場での交渉で合意に達した。

0828 □□
high-profile [hài-próufail]
形 注目を浴びる
反 low-profile「目立たない」

The car was launched with a high-profile campaign.
その車は、大々的なキャンペーンを打って発売された。

0829 □□
confidential [kànfidénʃəl]
形 秘密の；守秘義務のある
＊confident（自信のある）との区別に注意。

Please keep confidential information to yourself.
機密情報は他言無用です。

0830 □□
respective [rispéktiv]

形 それぞれの；個別の
＊respectful（礼儀正しい）との区別に注意。

Please file the documents under their respective categories.
それぞれのカテゴリーに基づいて書類をファイルしてください。

0831 □□
successive [səksésiv]

形 連続する；歴代の
＊successful（成功した）との区別に注意。

The football team has had seven successive victories.
そのサッカーチームは7連勝している。

0832 □□
sensitive [sénsətiv]
形 敏感な；繊細な
＊sensible（分別がある）との区別に注意。

We should be sensitive to the changes in the market.
我々は市場の変化に敏感であるべきだ。

52 注意したい重要形容詞

TRACK 52

よく使うノンジャンルの形容詞を覚えよう

0833 

consecutive [kənsékjətiv] 

形 連続した

副 consecutively「連続して」

consecutiveは事象の連続性を表す形容詞です。〈数字＋consecutive＋事象〉の形で使い、for three consecutive daysなら「3日連続して」となります。〈the＋助数詞＋consecutive＋事象〉の形をとることもあり、for the third consecutive dayでも同じ意味です。**successive**も同様の意味で、同じ2つの形で使えます。

近い将来に起こることを形容するのによく使われるのが**upcoming**です。行事やイベントが迫っていることを表し、an upcoming Christmas「もうすぐやって来るクリスマス」やan upcoming trade show「もうすぐ開催される見本市」のように使います。

The company has posted profits for five consecutive years.
その会社は5年連続で利益を計上した。

0834
upcoming [ʌ́pkʌ̀miŋ]

形 近く起こる

類 forthcoming「近く起こる」 impending「差し迫った」

He'll run for the upcoming mayoral election.
彼は近づいている市長選挙に立候補するつもりだ。

0835
concise [kənsáis]

形 簡明な；簡潔な

類 succinct「簡明な；簡潔な」

A message to customers should be clear and concise.
顧客へのメッセージは明確で、簡潔であるべきだ。

0836
potential [pəténʃəl]

! 形容詞・名詞の両方で使える

形 潜在的な 名 潜在性

類 prospective「可能性のある」

We reach potential customers by using social media.
我々はソーシャルメディアを使って潜在顧客にアプローチしている。

0837
practical [prǽktikəl]

形 実際の；実用的な

名 動 practice「練習；実行」「練習する」

The boss gave me practical advice.
上司は私に実際的なアドバイスをしてくれた。

0838
temporary [témpərèri]

形 一時的な；仮の

類 provisional / interim「一時的な」

The earthquake victims were given temporary shelter.
その地震の被災者には一時的な避難施設が提供された。

0839 **typical** [típikəl]

形 典型的な；普通の

副 typically「一般的に；典型的に」

That building shows the typical architecture of that era.

その建物はその時代の典型的な建築の例を示している。

0840 **entire** [intáiər]

形 全体の

類 whole「全体の」

The entire world is watching the presidential election.

全世界が大統領選を注視している。

0841 **particular** [pərtíkjələr]

形 特定の；特殊な

副 particularly「特に」

Do you have any particular plans this weekend?

週末に何か決まった予定がありますか。

0842 **splendid** [spléndid]

形 すばらしい；壮麗な

類 superb「すばらしい」 spectacular「壮麗な」

We spent a splendid summer vacation on Majorca Island.

私たちはマヨルカ島ですばらしい夏の休暇を過ごしました。

0843 **comprehensive** [kɑ̀mprihénsiv]

形 包括的な

動 comprehend「理解する」

Our approach toward computer security is comprehensive.

我々のコンピューター・セキュリティへの取り組みは包括的なものだ。

0844

authentic [ɔːθéntik]

形 本物の

動 authenticate「(本物であると)証明する」

The restaurant provides authentic Italian food.

そのレストランは本物のイタリア料理を提供する。

0845

interactive [ìntərǽktiv]

形 相互に作用する；双方向の

＊inter-「相互の」＋ active「作用する」＝「相互に作用する」

Click here to try one of our interactive language courses.

ここをクリックして、当社の双方向の言語コースの一つをお試しください。

0846

sustainable [səstéinəbl]

形 持続可能な

動 sustain「持続させる」 名 sustainability「持続可能性」

The new government promises sustainable economic growth.

新しい政府は持続可能な経済成長を約束している。

0847

challenging [tʃǽlindʒiŋ]

形 やりがいのある

動 名 challenge「挑戦する」「挑戦」

Managing an overseas subsidiary was a challenging job for me.

海外子会社を経営することは私にとってやりがいのある仕事でした。

0848

remarkable [rimɑ́ːrkəbl]

形 注目すべき；驚くべき

名 動 remark「感想」「述べる」

It's remarkable she finished the research in one week.

彼女がその調査を１週間で仕上げたのは驚くべきことだ。

0849 □ □

rewarding [riwɔ́:rdiŋ]

形 実りある

名 動 reward「報酬」「報酬を与える」

The internship at the company was a very rewarding experience.

その会社での実務研修はとても実り多い経験でした。

0850 □ □

imperative [impérətiv]

形 必須の；命令の

類 mandatory「義務の；強制の」

It's imperative that all managers attend the meeting.

すべてのマネジャーはその会議に出席しなければならない。

0851 □ □

cordial [kɔ́:rdʒəl]

形 心のこもった；誠心誠意の

類 friendly「友好的な」

The salesperson gave us a cordial reception.

その販売員は私たちを丁重にもてなしてくれた。

0852 □ □

diverse [dəvə́:rs]

形 多様性のある；さまざまな

名 diversity「多様性」 動 diversify「多様化する」

We presented a range of diverse plans at the meeting.

私たちは会議でさまざまな多様性のある企画を提案した。

0853 □ □

legitimate [lidʒítəmət]

形 合法的な；道理に合った

名 legitimacy「合法性；正当性」

Ms. Davis is the legitimate owner of the business.

デービスさんがその会社の法的な所有者だ。

0854

relevant [réləvənt]

形 関係のある；適切な

＊relevant to A「Aに関係がある」

He is doing relevant work for the plan.
彼はその計画に関係のある仕事をしている。

0855

preliminary [prilímənèri]

形 予備の；準備の

類 preparatory「準備の」

We will start a preliminary study for the project.
私たちはそのプロジェクトのための予備調査を始めます。

0856

stellar [stélər]

! 「星のような」→「すばらしい」

形 優れた；すばらしい

＊rosyは「バラ色の」→「有望な」。

The firm has had stellar growth for the past decade.
過去10年間、その会社はすばらしい成長をしてきた。

53 注意したい重要副詞

TRACK 53

例文をチェックして、用法をつかもう

0857

approximately [əprάksimətli]

副 およそ；～くらい

数値情報はいつも厳密とは限りません。数値をぼかすときに使える便利な言葉が**approximately**「およそ；～くらい」です。〈approximately ＋ 数字 ＋ 名詞〉の形で使い、approximately 300 peopleなら「およそ300人」、approximately $1 millionで「およそ100万ドル」です。Part 5でも頻出なので、この用法を押さえておきましょう。同様の意味で、**roughly**、**about**、**around**も使えます。

逆に、厳密であることを示したいときには、exactly / precisely / accurately「正確には」などを使います。exactly 50 years agoで「ちょうど50年前」となります。

The plane will be touching down in approximately thirty minutes.
飛行機はおよそ30分後に着陸します。

0858

considerably [kənsídərəbli]

副 かなり；相当に

類substantially / significantly「かなり；相当」

! considerately「思いやり深く」と区別

Temperatures vary considerably in this season.
この季節は気温がかなり変化する。

0859

eventually [ivéntʃuəli]

副 結局；いずれは

類consequently「その結果として；必然的に」

Mr. Parna says he will eventually own his business.
パーナさんはいずれは自分の会社を持つと言っている。

0860

apparently [əpǽrəntli]

副 外見上；どうやら

類seemingly「外見上；どうやら」

Apparently, the mayor will be reelected.
どうやら、市長は再選されそうだ。

0861

thoroughly [θə́:rouli]

副 完全に；徹底的に

類completely「完全に」 in detail「徹底的に」

The boss made sure we did the job thoroughly.
上司は、私たちが仕事を完全に成し遂げたことを確認した。

0862

extremely [ikstrí:mli]

副 極度に；きわめて

類exceedingly「非常に」

The vintage car was sold at an extremely high price.
そのビンテージカーはきわめて高い値段で売れた。

0863 □□
ultimately [ʌ́ltimətli]

副 最終的に；結局

形 ultimate「究極の；根本的な」

Ultimately, the CEO will have to decide.
最終的には、CEOが決断しなければならないだろう。

0864 □□
regrettably [rigrétəbli]

! 残念な知らせが続く

副 残念ながら

類 unfortunately「残念ながら；不幸にも」

Regrettably, your application hasn't been accepted.
残念ですが、あなたの応募はお受けすることができませんでした。

0865 □□
immediately [imí:diətli]

! 緊急性が高い

副 ただちに；今すぐに

類 promptly「即座に；早急に」 at once「ただちに」

Please report immediately to the Tokyo office.
すぐに東京オフィスに来てください。

0866 □□
simultaneously [sàiməltéiniəsli]

副 同時に

類 at the same time「同時に」

The mobile phone was released across the globe simultaneously.
その携帯電話は世界中で同時に発売された。

0867 □□
frequently [frí:kwəntli]

副 頻繁に；しばしば

類 often「しばしば」 regularly「定期的に」

She has frequently traveled to Europe on business.
彼女は頻繁にヨーロッパに出張している。

0868

beforehand [bifɔ́:rhæ̀nd]

副 前もって

類previously / in advance「前もって」

You can check in for the flight 24 hours beforehand.
フライトには24時間前からチェックインできます。

0869

subsequently [sʌ́bsikwəntli]

副 後で；その後

類afterward「後で；その後」

Subsequently, the fact came to be known.
後になって、その事実が明らかになった。

0870

occasionally [əkéiʒənəli]

副 時々

類from time to time / now and then「時々」

This website is updated occasionally.
このウェブサイトは時々更新されます。

0871

rarely [réərli]

副 めったに～ない

類seldom「めったに～ない」

The boss rarely goes on a business trip.
上司はめったに出張に出かけない。

0872

currently [kə́:rəntli]

副 現在は；目下

類presently「現在は」 nowadays「このごろは」

We're currently working on the logo renewal.
私たちは現在、ロゴのリニューアルに取り組んでいます。

54 副詞・接続詞・前置詞

接続副詞はPart 6で試される

0873

therefore [ðéərfɔ̀ːr]

副 それゆえ

副詞の中には文と文の論理関係を示す「接続副詞」という種類があります。The laptop is lightweight. Therefore, it's easy to carry.「そのラップトップは軽量だ。それゆえ持ち運びやすい」のように、カンマで区切って使うことが多いです。接続詞と違って、文と文とを連結する機能は弱く、接続詞と一緒に使うこともあります。

therefore「それゆえ」は「順接」、**however**「しかしながら」は「逆接」、**furthermore**「さらに」は「付加」です。Part 6では2文の論理関係を推測して、適切な接続副詞を選ぶ問題が出るので、主要なものをまとめて覚えておくと安心です。

The Shinkansen is faster and therefore more expensive.
新幹線はもっと速いが、それだけにもっと値段が高い。

0874 **however** [hauévər]

! 譲歩節もつくる

副 しかしながら；いかに～でも

＊〈However 形容詞・副詞 S V, ～〉「いかに～でも」

The results, however, weren't what we expected.

しかしながら、結果は私たちの予想とは違った。

0875 **furthermore** [fə́ːrðərmɔ̀ːr]

副 さらに；なおその上に

類 moreover / besides「さらに」

The project is complicated, furthermore, the deadline is imminent.

プロジェクトは複雑で、その上、納期も迫ってる。

0876 **nevertheless** [nèvərðəlés]

副 それでもやはり；それにもかかわらず

類 nonetheless「それでもやはり；それにもかかわらず」

My pay raise was small, nevertheless, it's important to me.

私の昇給は微々たるものだったが、それでも私には重要だった。

0877 **otherwise** [ʌ́ðərwàiz]

! 複数の用法がある

副 そうでなければ

＊「別のやり方で」「他の点では」の意味でも使う。

Study hard otherwise you might fail.

しっかり勉強しないと、落第するかもしれないよ。

0878 **merely** [míərli]

副 単に；ただ

＊merely a joke（ただの冗談）のように直後の名詞も修飾できる。

I merely came to say hello.

挨拶するのに立ち寄っただけです。

0879 □ □

presumably [prizjú:məbli]

! 確度が高い

副 おそらく；十中八九

動 presume「推定する」

The match was presumably cancelled as it rained hard.

雨が激しかったので、試合はおそらく中止になったでしょう。

0880 □ □

accordingly [əkɔ́:rdiŋli]

副 それに従って；それを受けて

＊従うものを明示するときには、according to A「Aに従って」を使う。

She moved downtown and the rent increased accordingly.

彼女はダウンタウンに引っ越して、家賃はそれに応じて高くなった。

0881 □ □

amid [əmíd]

前 ～(出来事)のさなかに

＊amidstも同意で使う。

Our new product will be launched amid the trade show.

当社の新製品は見本市のさなかに発売される。

0882 □ □

throughout [θruáut]

前 ～の間中ずっと

＊期間を表す場合のthroughの強意形。

Angela was taking notes throughout the seminar.

アンジェラはセミナーの間中ずっとノートを取っていた。

0883 □ □

concerning [kənsə́:rniŋ]

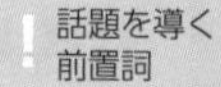

前 ～に関して

類 regarding「～に関して」

Concerning the legal matter, I'll consult with a lawyer.

その法律案件については、弁護士に相談してみます。

0884 **besides** [bisáidz]

前 ～のほかに

＊副詞として「さらに；その上」の意味で使う。

Besides being a schoolteacher, Mike works as an actor.

マイクは学校の先生のほかに、役者としての仕事もしている。

0885 **via** [váiə]

! 2つの意味で使う

前 ～を経由して；～によって

類 by way of「～を経由して」 by means of「～によって」

I'll fly to Oslo via Helsinki.

私はヘルシンキ経由でオスロに飛びます。

0886 **notwithstanding**  [nàtwiðstǽndiŋ] 

前 ～にもかかわらず

＊名詞の後ろにも置ける変わった前置詞。接続詞、副詞としても使う。

Limited functions notwithstanding, the camera has sold well.

機能が限られているにもかかわらず、そのカメラはよく売れている。

0887 **assuming** [əsjúːmiŋ]

接 ～と仮定して

＊assuming that ～とすることも。 動 assume「仮定する」

Assuming the predictions are correct, the economy should recover next year.

予測が確かだとするなら、経済は来年には回復するはずだ。

0888 **whereas** [hweəréz] 

接 その一方で～；～だけれども

＊後続の従属節の前で使うことが多い。

You are pessimistic about the deal, whereas I'm sure that it will be completed.

君はその取引に悲観的だが、私はそれが完了すると確信している。

DAY 19

55 注意したい重要名詞

TRACK 55

よく使うノンジャンルの名詞を覚えよう

0889

scope [skóup]

名 範囲

ビジネスではさまざまな概念を表す名詞が使われます。代表的なものが**scope**でしょう。scopeは議論や活動などの「範囲」を表し、the scope of the researchで「研究の範囲」、expand [extend] the scopeで「範囲を広げる」の意味です。rangeやextentなどが類語です。

aspectは物事の「側面」を表し、the financial aspects of the projectなら「そのプロジェクトの金銭的な側面」です。featureやfacetなどが類語です。

elementは全体を構成する「要素」の意味で、key elements of managementで「経営の重要な要素」となります。componentなどが類語です。

We should specify the scope of the survey.
私たちはその調査の範囲を明確にしたほうがいい。

0890 **aspect** [ǽspekt]

名 側面；角度

類 facet「側面；(宝石の)切子面」

The planned merger was assessed from various aspects.

計画されている合併はさまざまな側面から検証された。

0891 **vicinity** [vəsínəti]

名 近隣

＊ in the vicinity of A「Aの近隣に；(数量が)およそA」

The value of the startup is estimated in the vicinity of one billion dollars.

その新興企業の価値はおよそ10億ドルと見積もられている。

0892 **impact** [ímpækt]

名 影響；衝撃

類 influence / effect「影響」

The panel is considering the environmental impacts of global warming.

その委員会は地球温暖化の環境への影響を検証している。

0893 **likelihood** [láiklihùd]

名 可能性；見込み

＊ The likelihood is that ～「おそらく～である」

There is little likelihood the sales will recover soon.

売り上げがすぐに回復する可能性はほとんどない。

0894 **reputation** [rèpjətéiʃən]

名 評判；名声

類 repute「評判；名声」

The firm established its reputation as an apartment developer.

その会社はマンションデベロッパーとしての評判を確立した。

0895 **honor** [ánər]

名 名誉；尊敬

＊in honor of 「～に敬意を表して」

It's my honor to make a speech at the conference.
その会議でスピーチを行えるのは光栄です。

0896 **element** [élimənt]

名 要素

形 elementary 「基礎的な；初歩の」

Communication is a vital element in management.
意思疎通は経営における重要な要素だ。

0897 **outcome** [áutkʌ̀m]

名 結果

類 result / consequence 「結果」

We are hoping for a positive outcome to the negotiations.
私たちはその交渉の好ましい結果を望んでいる。

0898 **overview** [óuvərvjùː]

名 概要

類 outline 「概要；輪郭」

She explained an overview of the upcoming exhibition.
彼女はもうすぐ開催される展示会の概要を説明した。

0899 **ambition** [æmbíʃən]

名 熱望；野望

形 ambitious 「熱望して；野心的な」 類 aspiration 「野望」

His ambition as a child was to be a pianist.
彼の子供のころの夢はピアニストになることだった。

0900 **code** [kóud]

「番号」「符号」の意味も

名 規則

＊a zip code「郵便番号」

Our sushi bars comply with all hygiene **codes**.
私たちのスシバーはすべての衛生規則を遵守している。

0901 **portion** [pɔ́ːrʃən]

名 部分

＊a portion of A「Aの部分」

The family owns a significant **portion** of the corporation.
その家族がその会社の大部分を所有している。

0902 **privilege** [prívəlidʒ]

名 特権

形 privileged「特権的な；恵まれた」

Members have the **privilege** of receiving special discounts.
会員は特別割引を受ける権利があります。

0903 **gratitude** [grǽtətjùːd]

名 感謝

類 thankfulness / appreciation「感謝」

The director expressed his deep **gratitude** to the people involved.
その監督は関係者に深い感謝の意を表した。

0904 **advantage** [ədvǽntidʒ]

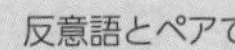

名 利点；長所

反 disadvantage「不利な点；欠点」

Our product offers several **advantages** over our competitors'.
当社製品はライバル社の製品に対していくつかの優位な点がある。

0905 □ □

insight [ínsait]

名 見識；洞察力

＊an insight into A「Aへの見識」

The survey provided new insights into the Korean market.

その調査は韓国市場についての新しい見識をもたらしてくれた。

0906 □ □

breakthrough [bréikθrù:]

名 躍進；大発見

＊break through「〜を突破する」

The invention led to a major scientific breakthrough.

その発明が大きな科学の躍進につながった。

0907 □ □

initiative [iníʃətiv]

名 自発性；運動

＊take the initiative to do「率先して〜する」

We hope new employees would show more initiative.

私たちは新入社員にもっと自主性を発揮してもらいたい。

0908 □ □

hierarchy [háiərὰ:rki]

! カタカナの ヒエラルキー

名 階層

形 hierarchical「階層の」

She climbed the corporate hierarchy to become a president.

彼女は会社の階層を駆け上り、社長になった。

0909 □ □

drawback [drɔ́:bæ̀k]

名 欠点；障害

＊draw back「後退する」

The major drawback of the product is the price.

その製品の大きな欠点は価格だ。

0910

predecessor [prédəsèsər]

名 前任者；前のもの

反 successor「後任者；次のもの」

The new car is a little more spacious than its predecessor.

その新車は前のモデルよりも少し広くなっている。

0911

perseverance [pə̀ːrsəvíərəns]

名 我慢強さ

動 persevere「頑張ってやり通す」

Perseverance and hard work are our president's motto.

忍耐強さとハードワークが当社の社長のモットーだ。

0912

referral [rifə́ːrəl]

名 紹介；照会

＊referral recruitment「人の紹介による採用」

One of the merits of referral recruitment is to increase retention.

人の紹介による採用のメリットの一つは定着率を高められることだ。

56 前置詞のイディオム as～in

TRACK 56

覚えるべきイディオムは多くない

0913

as far as ～ concerned

～に関するかぎり

as far asは「～のかぎりでは」という意味で「範囲」を限定する表現です。as far as I knowなら「私の知っているかぎりでは」と私の知識の範囲を限定します。as far as I'm concernedなら「私に関するかぎり」と私の意見・事情の範囲を限定することになります。

一方、日本語だと同じ「～のかぎりでは」となる**as long as**は「条件」を表す表現で用途が異なります。as long as it's profitableなら「それが利益の出るかぎりでは」という意味です。

As far as I'm concerned, we shouldn't be held responsible for the mistake.
私の意見を言えば、我々はその過失に対して責任を負うべきではないでしょう。

0914

as a token of

～のしるしとして

＊ofの後には感情の表現が続く。

I'd like to invite you to dinner as a token of my gratitude.

感謝のしるしにお食事に招待いたします。

0915

as for

～に関しては

＊話題の導入として、文頭で使う。

As for the seminar attendees, they were tired by the end of the day.

セミナーの出席者については、彼らは1日の終わりまでに疲れてしまった。

0916

as of

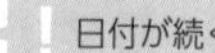

～付けで

＊as of now「今現在は」

As of April 1, the new taxes will take effect.

4月1日付けで、新しい税金が施行される。

0917

at first

最初のうちは

＊for the first time「初めて」と区別しよう。

The client was not impressed with our proposal at first.

その顧客は最初のうちは我々の提案に心を動かされなかった。

0918

at one's convenience

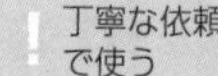

～の都合のいいときに

＊at one's earliest convenience「都合がつき次第なるべく早く」

I look forward to having your reply at your earliest convenience.

なるべく早くにお返事をいただければ幸いです。

0919

at the moment

目下；ちょうど今

＊for the moment「さしあたりは」

The boss is on business in Moscow at the moment.
上司は今、仕事でモスクワにいます。

0920

by accident

偶然に

㊮by chance「偶然に」

I met my former associate by accident.
私は元同僚に偶然、会った。

0921

by means of

～を用いて；～によって

＊meansは「手段；方法」の意味。

We will raise funds by means of the lottery.
我々は宝くじという方法で資金を集める予定です。

0922

by the way

ところで

＊話題を変えるときや重要なことを述べるときに使う。

By the way, we should go to the meeting now.
ところで、私たちはそろそろ会議に行ったほうがいい。

0923

in addition to

～に加えて

＊in addition「加えて；その上」は前文を受けて、文頭で使う。

The company offers a good health plan in addition to sick leave.
会社は病欠休暇に加えて、良質の健康保険を提供します。

0924

in a row

続けて；列になって

＊line in a row「一列に並ぶ」

I visited the client for three days in a row.
私は3日連続して、そのクライアントを訪問した。

0925

in accordance with

! 指示や規則が続く

～に従って

㊫in compliance with「～に従って」

I assembled the shelf in accordance with the instructions.
私は指示書に従って、その棚を組み立てた。

0926

in connection with

! 用件を示すのに使う

～に関連して

㊫with regard to「～に関して」

I'm writing in connection with your open position.
御社の求人について書かせていただいております。

0927

in effect

! 契約などが「発効して」の意味も

実際には；発効して

＊put A into effect「Aを実施する；Aを発効させる」

In effect, she is now managing the department.
実質的に彼女が今、その部門を統括している。

0928

in favor of

～に賛成して；～を支持して

＊favorは「支持」の意味。

The court ruled in favor of our company.
裁判所は当社を支持する判決を下した。

57 前置詞のイディオム in～to

in spite of はPart 5に頻出する

0929

in spite of

～にもかかわらず

高校イディオムの一つである**in spite of**はPart 5の常連でもあります。「～にもかかわらず」の意味で、「否定すべき事柄」を導きます。in spite of bad weatherなら「悪天候にもかかわらず」、in spite of many effortsなら「いろいろ努力したにもかかわらず」です。前置詞の**despite**の1語に置き換え可能です。

また、Part 5ではthough、althoughなどの逆接の接続詞との識別を試す問題が出ます。後続の要素が名詞ならin spite ofやdespiteを選び、後続の要素が文ならthoughやalthoughを選びます。

The tech industry is doing well in spite of the slowing economy.
ハイテク業界は経済が沈滞しているにもかかわらず好調だ。

0930

in light of

～を考慮して

＊in the light ofとすることも。

The delay was explainable in light of the lack of workforce.

労働力が足りなかったことを考慮すれば、遅れはいたしかたなかった。

0931

in person

直接自分で

＊名詞の後で使うと、「～本人」の意味。

The CEO intends to visit the factory in person.

CEOは工場を直接自分で訪問するつもりだ。

0932

in place

準備が整って；実行されて

＊in place ofだと「～の代わりに」の意味。

The funding is already in place.

資金はすでに準備が整っている。

0933

in shape

! in good shapeも同意

調子がよくて；健康で

反 out of shape「調子が悪くて；不健康で」

He takes an hour's walk every morning to stay in shape.

彼は健康を維持するために毎朝1時間、散歩をする。

0934

in search of

～を求めて

＊searchは「探求」の意味。

The foreign company is in search of a local partner.

その外国企業は地元のパートナーを探している。

0935 □□

in terms of

！論点を明示するのに使う

～の点で

＊このtermsは「関係」の意味。

The country is emerging as the strongest in terms of the economy.
その国は経済の点で最も力強く台頭してきている。

0936 □□

in the long run

長い目で見れば

㊣in the short run「短期的には」

Hard work pays off in the long run.
ハードワークは長い目で見れば報われる。

0937 □□

on account of

～のために；～が理由で

㊫because of「～が理由で」

The marathon race was cancelled on account of the typhoon.
マラソン大会は台風のために中止になった。

0938 □□

on behalf of

！スピーチでよく使う

～を代表して

㊫as a representative of「～を代表して」

I'd like to welcome you all on behalf of the committee.
委員会を代表して皆さんを歓迎いたします。

0939 □□

on one's own

独力で；一人で

㊫by oneself「独力で；一人で」

Although she is new, Judith works well on her own.
ジュディスは新人だが、十分一人で仕事ができる。

0940

on short notice

急きょ；急なお願いで

＊「準備する時間がない」というニュアンス。at short noticeも同意。

Thank you for coming to help me on such short notice.

あんなに急なお願いで助けに来てくれたことに感謝いたします。

0941

on the contrary

それどころか；そうではなく

＊通常、文頭に置く。contraryは「反対」の意味。

On the contrary, the weak dollar is very good news.

それどころか、弱いドルはとてもいいニュースだ。

0942

on the other hand

他方では

＊on (the) one hand（一方では）と呼応して使うこともある。

I must save money, but on the other hand, I'd like to eat out.

私は貯金しなければならないが、一方で、外食もしたい。

0943

on the whole

全体として；概して

㊫in general「一般的に言って」

This week we can expect favorable weather conditions, on the whole.

今週は総じて、好天が期待できるでしょう。

0944

to the point

的を射た

形 pertinent「ぴったり当てはまる」

The mayor's speech was short and to the point.

市長のスピーチは短くて、的を射ていた。

58 さまざまなイディオム

イディオムは必ず例文で用法を確認しよう

0945

a range of

広範囲の～；多様な～

名詞のrangeは「範囲」を表し、**a range of**で「広範囲の～；多様な～」という表現として使います。a range of productsで「多様な製品」です。同様の表現にa variety ofがあります。wide、broad、fullなどで強調できます。rangeは動詞としては「範囲に及ぶ」を表し、range A from Bで「AからBに及ぶ」の意味で使います。

according toは「～によると」という意味の「情報の出所」を示すイディオムです。according to the surveyなら「その調査によると」です。「～に従って（= in accordance with）」と規則などの遵守を示す用法もあるので、覚えておきましょう。

The shoe shop carries a wide range of boots.
その靴店はとても幅広い種類のブーツを扱っている。

0946

according to

～によると

＊情報の出所を示す。

According to today's weather report, it will rain all day.

今日の天気予報によると、1日中雨のようだ。

0947

apart from

～は別として；～はさておき

㊫aside from「～は別として」

Apart from its interior, the car needs to be restored.

内装は別にしても、車は修理が必要だ。

0948

both A and B

! Part 5に頻出の相関語句

AもBもどちらも

㊍neither A nor B「AもBもどちらも～ない」

She can speak both Chinese and Korean.

彼女は中国語も韓国語も話せる。

0949

due to

～が原因で；～のために

㊫owing to「～が原因で」

The flight has been delayed due to mechanical problems.

そのフライトは機械の問題が原因で遅れている。

0950

either A or B

! Part 5に頻出の相関語句

AかBのどちらか

＊not ～ either A or B「AもBもどちらも～ない」

Either the manager or I will attend the reception.

そのレセプションには部長か私のどちらかが出席します。

0951 □ □

every other

1つおきの[に]

＊every other week「隔週で」、every other month「隔月で」

She works at her part-time job every other day.
彼女は1日おきにパートの仕事をしている。

0952 □ □

except for

! except単独でも使う

～を除けば

＊〈except that ～〉の形で文を続けられる。

Except for the packaging, the product is ready for the shelves.
包装を除いて、製品は棚に並べる準備ができている。

0953 □ □

far from

けっして～ではない；～どころか

＊名詞、動詞、形容詞の前で使う。

Their painting was far from perfect.
彼らの塗装は完ぺきとは言いがたかった。

0954 □ □

hustle and bustle

! 街などのにぎわいを表す

にぎわい

＊hustle「活気」とbustle「にぎわい」を並べた表現。

I love the hustle and bustle of this city.
私はこの街のにぎわいが大好きだ。

0955 □ □

instead of

～ではなく；～の代わりに

＊insteadを単独で使うと、前文を否定して「そうではなくて」の意味。

Instead of using in-house staff, we should outsource.
私たちは、社内スタッフを使う代わりに外注すべきだ。

0956

just around the corner

! justなしでも使える

目前に迫って；すぐ近くに

＊時間的・空間的にとても近いことを表す。

The Toronto Auto Show is just around the corner.
トロント自動車ショーは目前に迫っている。

0957

next to

! Part 1に頻出

〜の隣に；〜の次に

＊next to each other「隣り合って」

Hotel Centennial is located next to the National Gallery.
ホテル・センテニアルは国立博物館の隣にある。

0958

no later than

! 期限を切る表現

〜までに

前 by「〜までに」

I'd like you to reply no later than Friday.
金曜までにお返事をお願いいたします。

0959

now that

今や〜なので

＊現状を踏まえた理由を導く。

Now that it's finished, let's go for a drink.
それは終わったのだから、飲みに行こうよ。

0960

prior to

〜より前に[の]；〜に先立って

類 anterior to「〜より前の」

Prior to my employment here, I was a freelance writer.
ここで働く前は、私はフリーランスのライターでした。

0961 □□

provided that

! thatは省略可

〜という条件で

＊providingも同意で使う。

We can achieve our target, provided that the current sales continue.

今の売り上げが続くなら、我々は目標を達成できる。

0962 □□

quite a few

! 多いことを示す

かなりの数の〜

＊quite a little「かなりの量の〜」、quite a while「かなり長い時間」

It took quite a few weeks to finish the job.

その仕事を終えるのに何週間もかかりました。

0963 □□

rather than

〜よりむしろ

＊would rather A than B「BよりむしろAをしたい」

Naomi decided to quit rather than accept the transfer.

ナオミは転勤を受け入れるよりは退社するほうを選んだ。

0964 □□

regardless of

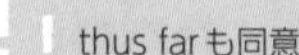

〜にかかわらず

㊮without regard to / irrespective of「〜にかかわらず」

The company will downsize regardless of its economic situation.

会社は経済状況にかかわらず縮小されるだろう。

0965 □□

so far

! thus farも同意

これまでのところ

＊So far so good.「これまでのところは良好だ」は決まり文句。

So far, the project has been proceeding as planned.

これまでのところ、プロジェクトは計画通り進んでいる。

0966

thanks to

～のおかげで

＊「～のせいで」とネガティブな言葉も続けられる。

We were able to seal the deal, thanks to the manager's help.

部長の手助けのおかげで、私たちは取引をまとめることができた。

0967

wear and tear

（通常使用による）劣化

＊wear「消耗」とtear「ほころび」を並べた表現。

We are not responsible for normal wear and tear.

通常の使用による劣化には当社は責任を負いかねます。

0968

when it comes to

～のことになると；～に関しては

＊to以下は名詞または動名詞。

Julian is the best at the office when it comes to playing golf.

ゴルフに関しては、ジュリアンが会社で一番うまい。

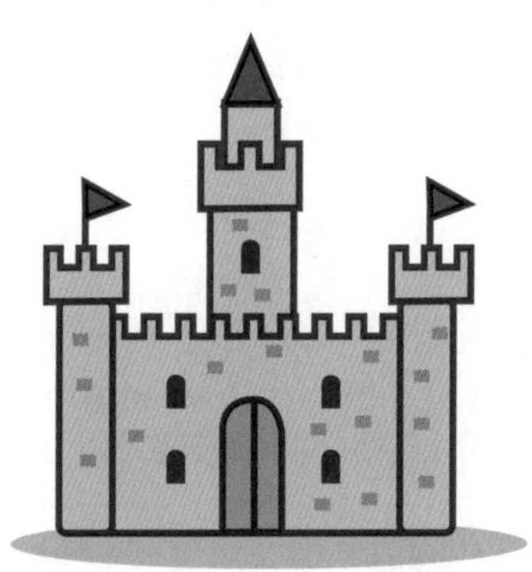

59 動詞句 be ~ keep

TRACK 59

イメージで覚えられない動詞句は丸暗記を！

0969

be eligible for

～の資格がある

形容詞の**eligible**は「資格がある」の意味で、be eligible for A「Aの資格がある」の形で使います。動詞を続けたい場合にはbe eligible to doとします。**entitled**と同じ意味ですが、こちらはbe entitled toに名詞も動詞原形も続けられます。**eligibility** / **entitlement**「資格；適格（性）」という名詞も比較的よく使います。

complyは規則などを「遵守する」という意味の頻出語で、自動詞なのでcomply with A「Aを遵守する」の形をとります。こちらも名詞の**compliance**「遵守」も重要語です。日本語ではコンプライアンス（法令遵守）とカタカナでも使われています。

Employees that have been working for over a year are eligible for a vacation.
勤続1年を超える社員は休暇を取ることができる。

0970

be likely to *do*

～しそうだ；～しやすい。

＊likelyは「ありそうな」という意味。

The restaurant is likely to close.
そのレストランは閉店しそうだ。

0971

be subject to

～の影響を受けやすい；～に従わなければならない

＊be subject to approval「承認を受けなければならない」

Menu items and prices are subject to change.
メニューの品目と価格は変更されることがあります。

0972

be supposed to *do*

～することになっている

＊義務・約束・規則・習慣などから「～することになっている」という意味。

Ms. Dillon is supposed to arrive at 2:00 p.m. today.
ディロンさんは今日の午後2時に到着する予定です。

0973

carry out

～を実行する；～を果たす

動 conduct「実行する」 fulfill「果たす」

We will carry out another series of consumer surveys.
我々は一連の消費者調査をもう一度、実施する。

0974

come up with

! アイデア・企画などが続く

～を考えつく；～を提案する

類 think up「～を考え出す」

The team came up with a plan to save energy.
そのチームはエネルギーを節約する計画を考案した。

0975

comply with

～を遵守する；～に準拠する

㊫abide by「～を遵守する」

This product complies with ISO standards.

この製品はISO（国際標準化機構）の規格に適合している。

0976

cope with

～に対処する；～を処理する

㊫deal with「～を処理する」

The city must cope with the problems of flooding.

市は洪水の問題に対処しなければならない。

0977

dispose of

～を処分する

* 名詞のdisposalは「廃棄；処分」の意味。

Be sure to dispose of your garbage correctly.

必ずごみを正しく廃棄してください。

0978

draw up

～を作成する

* 「車が止まる」の意味でも使う。

We drew up a timetable for the product launch.

私たちはその製品の発売スケジュールを作成した。

0979

drop in on

～（人のところ）に立ち寄る

* 場所を続ける場合には、drop in atとする。

Meredith will drop in on the client today to talk with him.

メレディスは今日、クライアントのところに立ち寄って話をする。

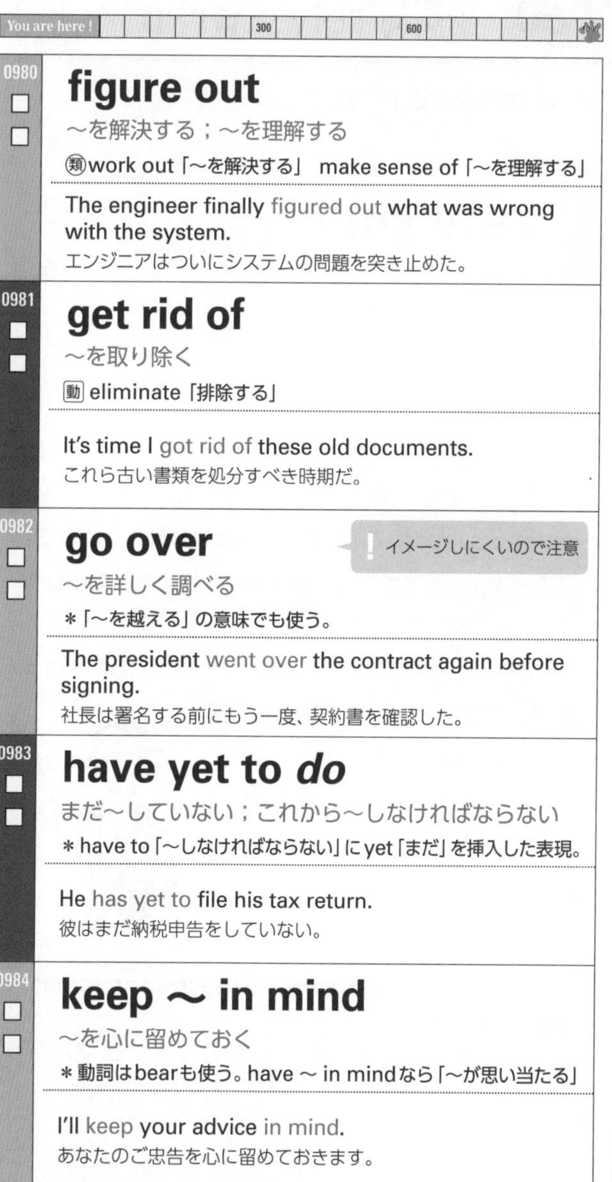

0980
figure out
～を解決する；～を理解する

㊫work out「～を解決する」 make sense of「～を理解する」

The engineer finally figured out what was wrong with the system.
エンジニアはついにシステムの問題を突き止めた。

0981
get rid of
～を取り除く

動 eliminate「排除する」

It's time I got rid of these old documents.
これら古い書類を処分すべき時期だ。

0982
go over
! イメージしにくいので注意

～を詳しく調べる

＊「～を越える」の意味でも使う。

The president went over the contract again before signing.
社長は署名する前にもう一度、契約書を確認した。

0983
have yet to *do*
まだ～していない；これから～しなければならない

＊have to「～しなければならない」にyet「まだ」を挿入した表現。

He has yet to file his tax return.
彼はまだ納税申告をしていない。

0984
keep ～ in mind
～を心に留めておく

＊動詞はbearも使う。have ～ in mindなら「～が思い当たる」

I'll keep your advice in mind.
あなたのご忠告を心に留めておきます。

60 動詞句 rely ~ wrap

TRACK 60

あと16語、もう少しでゴールだ！

0985

rely on

～を頼りにする

relyは「頼る」の意味の頻出動詞の一つで、自動詞なのでrely on A「Aを頼りにする」の形で使います。I rely on your support.で「あなたの支援を頼りにしている」です。**depend on**や**count on**が同様の意味の動詞句です。

形容詞は2種類あって、**reliant**「頼って」はbe reliant on A「Aに頼っている」と動詞と同様の形で使います。もう一つの**reliable**は「頼りになる」の意味で、a reliable partner「信頼できるパートナー」のように使います。

We rely on Ms. Daniels, our secretary, to get the job done.
その仕事をこなすのに、私たちは秘書のダニエルズさんに頼っている。

0986

make up for

～を埋め合わせる

㊫compensate for「～を埋め合わせる」

The supplier tried to make up for the shipping delay.

サプライヤーは発送の遅れを取り戻そうとした。

0987

manage to *do*

なんとか～する

＊manageには「対処する」の意味がある。

I managed to finish it without help from others.

私は人の手を借りずになんとかそれをやり遂げた。

0988

pay attention to

～に注意を払う

＊draw [attract] attention「注意を引く」も覚えておこう。

Every attendee paid attention to what the CEO was saying.

出席者はだれもがそのCEOが話すことを傾聴した。

0989

put together

～を組み立てる；～を作る

＊put a proposal together「企画書を作成する」

I'm now putting the bookshelf together.

私は今、本棚を組み立てているところです。

0990

range from A to B

! Part 5で前置詞を選ぶ問題で出る

AからBに及ぶ

㊫vary from A to B「AからBまでさまざまだ」

Room rates for Peninsular Inns range from 80 to 500 dollars.

ペニンシュラー・インズの客室料金は80ドルから500ドルまでです。

0991

run short of

～が足りなくなる

＊run out of「～を使い果たす」

We're running short of the sales literature.
販売用のパンフレットが少なくなってきている。

0992

result in

(結果的に)～をもたらす；～に終わる

㊫end in「～に終わる」

Parking illegally will result in a fine.
違法駐車には罰金が科される。

0993

specialize in

～を専門に扱う；～を専攻する

形 specialized「特化した」 名 specialty「得意料理；得意分野」

The company specializes in making vacuum cleaners.
その会社は電気掃除機の製造に特化している。

0994

take ~ into account

! accountは「考慮」の意味

～を考慮に入れる；～に気を配る

＊accountの代わりにconsiderationも使える。

We need to take many expenses into account when working on the budget.
予算の仕事をするときには、我々は多くの経費を考慮しなければならない。

0995

take over

(仕事・役職などを)引き継ぐ；(事業を)買い取る

＊名詞のtakeoverは「引き継ぎ」「企業買収」の意味。

The CEO's son will take over the corporation after he retires.
CEOの退任後は、息子が会社を引き継ぐ。

0996

tend to *do*

～する傾向がある

㊮be inclined to do / be prone to do「～する傾向がある」

My watch tends to gain a little time.
私の時計は少し進む傾向がある。

0997

turn around

(事業・状況などが)好転する；～を方向転換させる

＊a turnaround managerは「企業再生マネジャー」のこと。

The company turned around at the end of the third quarter.
その会社は第3四半期の終わりに業績が回復した。

0998

turn down

～を却下する

＊「(音量などを)下げる」の意味でも使う。

I'm afraid I will have to turn down the job offer.
残念ですが、この仕事のオファーをお断りしなければなりません。

0999

turn out to *be*

～という結果になる；～であることがわかる

㊮prove to be「～であることがわかる」

The presentation turned out to be a success.
そのプレゼンは成功裏に終わった。

1000

wrap up

～を終える

＊「厚着をする」の意味でも使う。

It's time to wrap up the discussions.
そろそろ議論を終える時間です。

INDEX

本書に収録する全見出し語1000のさくいんです。
単語の検索や覚えたかどうかの確認に利用してください。

A

a range of 260
abandon 205
accept 201
acclaimed 218
accommodations 125
accompany 209
accomplish 193
according to 261
accordingly 244
account 185
accounting 044
accurate 226
achieve 113
acquire 211
activate 055
addition 119
address 182
adjacent 225
adjourn 094
adjust 203
administrative 122
admire 197
admission 138
advanced 103
advantage 249
advertise 084
affect 211
affordable 082
agenda 088
agree 091
agreement 097
agricultural 058
aisle 159
allergy 153
allocate 192
allowance 025
alternative 093
amazing 229
ambition 248
amid 244
amount 045
ample 221
amusement 172
analyze 199
anniversary 047
apart from 261
apologize 115
app 070
apparel 069
apparently 239
appetite 152

applause	143
appliance	165
apply	014
appoint	193
appreciate	198
approve	093
approximately	238
aquarium	172
architect	057
argue	091
arrange	208
artifact	141
as a token of	253
as far as ～ concerned	252
as for	253
as of	253
aspect	247
assembly line	104
assignment	031
assuming	245
at first	253
at one's convenience	253
at the moment	254
atmosphere	185
attach	052
attempt	117
attendee	089
attire	047
attorney	181
attract	078
audience	077
auditorium	143
authentic	235
author	144
authorize	195
automobile	058
available	220
aviation	059
avoid	214
award	047
aware	219
awning	134
B	
baggage	126
bake	155
balance	038
ban	180
bar	180
bargain	066
be absent from	028
be based in	036
be eligible for	266
be likely to do	267
be located in	036
be subject to	267
be supposed to do	267
beforehand	241
behave	172
bend	207
benefits	025

besides 245
beverage 086
bid 111
bill 044
billboard 086
biography 144
blame 196
board 126
board of directors 035
book 125
boring 229
botanical 172
both A and B 261
bound 131
box office 143
brainstorming 094
branch 037
break 032
break even 044
breakthrough 250
brick-and-click 071
brief 114
broadcasting 059
brochure 033
browse 069
budget 040
bulk 098
bulletin board 029
bureau 061
bush 135
by accident 254
by means of 254
by the way 254

C

cafeteria 121
call in sick 028
candidate 015
capacity 105
capital 043
carousel 127
carry 067
carry out 267
cashier 070
cater 212
cause 214
celebrate 049
celebrity 087
certify 205
chair 089
challenging 235
chamber 061
change 041
charge 044
charity 148
chart 095
check 045
checkout 070
checkup 161
chemistry 185
chore 031

circulation	085
city hall	146
claim	196
clarify	091
client	077
code	249
collaboration	117
column	187
come up with	267
commission	025
committee	061
commute	026
compensate	181
competent	020
competitive	080
complaint	074
complete	113
complicated	223
complimentary	086
comply with	268
component	106
comprehensive	234
compromise	097
concede	201
concentrate on	113
concern	053
concerning	244
concise	233
conclusion	093
conduct	113
conference call	090
confidential	231
conform	214
confusing	230
congested	027
congratulate	197
connect	051
consecutive	232
consensus	093
consent	200
considerably	239
consortium	062
construct	110
consumer	081
contact	050
contemporary	141
contract	098
contribute	114
convene	094
convert	111
cooperate	211
cope with	268
cordial	236
corner	187
corporate	037
couch	166
courier	074
crack	169
craftsmanship	103
credential	017

credit 119
crew 133
critic 145
cross 207
crucial 223
culinary 150
curator 057
curb 187
currency 040
currently 241
custodian 058
customer 077
customs 127
cutlery 156
cutting-edge 103

D

dairy 158
deadline 115
deal 097
decent 166
decline 191
dedicate 205
deduct 041
defective 073
degree 017
deli 159
demand 081
demographic 082
demolish 111
demonstrate 087
depart 126
department 029
deposit 039
depth 188
deserve 212
designate 195
destination 125
detergent 157
determine 204
development 102
device 105
diagnosis 161
diameter 189
diet 162
diligent 219
dimension 188
diminish 192
diner 151
direction 130
directory 033
disappointing 229
disaster 179
discipline 172
discontinue 179
discrimination 123
discuss 090
dismiss 024
disorder 180
dispose of 268
dispute 180

disregard 053
disruption 178
distance 189
distribute 075
district 129
diverse 236
domestic 164
dominate 079
donation 139
draft 098
draw up 268
drawback 250
drawer 028
drive 184
drop in on 268
drop off 131
due 045
due to 261
durable 221
duration 119

E

earnings 043
eco-friendly 148
economical 166
edge 187
edition 085
effective 226
efficient 224
either A or B 261
element 248
emphasize 201
employee 020
enable 213
enclose 053
encounter 049
encourage 195
endeavor 101
endorse 201
engagement 115
enlarge 191
enroll 170
ensure 194
enthusiastic 220
entire 234
entitle 215
entrée 153
entrepreneur 036
equipment 105
equivalent 223
era 141
errand 031
essential 227
establish 037
estimate 199
evacuate 176
evaluate 200
eventually 239
every other 262
except for 262
excerpt 144

exchange 073
exclusive 083
excursion 130
executive 034
exhausted 229
exhibition 139
expand 191
expedite 215
expense 043
expertise 019
expire 073
explore 213
exposure 079
extend 191
extension 051
external 224
extremely 239

F

facility 121
familiar 019
far from 262
fare 125
fascinating 228
fasten 127
favorite 173
feature 141
fertilizer 149
figure out 269
firm 037
first-come, first-served 078
fitting room 065
fixture 167
flavor 156
flexible 097
floor plan 109
flour 158
focus group 078
foodie 153
forecast 175
former 035
forward 052
foundation 061
founder 036
fountain 133
fragile 075
freebie 086
freight 075
frequently 240
front desk 029
fulfill 193
fund 040
fundraiser 049
furniture 166
furthermore 243

G

gain 081
gala 048
garbage 148
gathering 048
general public 083

generous	220
get back to	051
get rid of	269
glimpse	208
glitch	179
go over	269
goods	066
graduate	017
grant	205
gratitude	249
grievance	123
grocery	065
guarantee	073
H	
hallway	121
hand	207
handle	192
handout	089
hands-on	021
happy hour	152
have yet to do	269
hazardous	149
headline	145
headquarters	036
help-wanted ad	015
heritage	129
hesitate	051
hierarchy	250
high-profile	231
hire	016
hold	052
honor	248
hook up	055
horizontal	189
hospitality	126
hospitalize	162
household	165
however	243
huge	220
human resources	022
humid	175
hustle and bustle	262
hygiene	149
I	
illustrate	090
immediately	240
impact	247
imperative	236
implement	112
impress	197
improve	203
in a row	255
in accordance with	255
in addition to	254
in charge of	030
in connection with	255
in effect	255
in favor of	255
in light of	257
in person	257

in place 257
in search of 257
in shape 257
in spite of 256
in terms of 258
in the long run 258
in-house 107
incentive 025
inclement 174
inconvenience 118
incorporate 193
increase 190
incur 215
indicate 195
industrial 058
inevitable 227
influencer 087
inform 196
infringe 181
ingredient 154
initial 224
initiative 250
innovative 103
input 184
inquire 114
insert 207
insight 250
inspect 199
inspire 205
install 209
installment 045
instead of 262
institute 060
instruct 195
instrument 143
insurance 165
integrate 204
intend 204
intensive 226
interactive 235
internship 021
interrupt 213
intersection 131
interview 016
intriguing 230
inventory 067
invest 040
investigate 199
invitation 048
invoice 044
itinerary 124

J

janitor 122
jet lag 127
job description 020
job opening 015
just around the corner 263

K

keep ~ in mind 269
kettle 157

keynote 047
kindergarten 171
knowledgeable 219

L

laboratory 102
landmark 129
landscaper 056
last say 094
last-minute 230
laundry 168
leak 179
leave 024
legal 181
legitimate 236
liable 219
lid 187
likelihood 247
line 066
literature 185
littering 149
load 075
location 064
logistics 074
loyalty 069
lucrative 083
luncheon 151
luxurious 082

M

machinery 105
maintenance 122
make up for 271
manage to do 271
management 035
manufacture 105
manuscript 145
mark down 066
marketing 081
masterpiece 140
material 106
matter 183
mayor 147
meal 152
measure 188
meat 158
mechanic 057
meet 183
memo 032
mentor 021
merchandise 066
merely 243
merger 100
metropolitan 147
microwave 155
mileage 131
mingle 049
mining 059
minutes 090
modify 203
morale 025
mortgage 110

motivated	019
mow	169
multiple	221
municipality	147
mural	135
must-see	129
mutual	098
N	
navigate	054
neglect	197
negotiable	096
neighborhood	147
nevertheless	243
next to	263
niche	083
no later than	263
notice	032
notwithstanding	245
now that	263
O	
object	091
objective	116
obligation	099
observe	210
obsolete	221
obstacle	180
obvious	226
occasion	048
occasionally	241
offer	065
office supplies	028
on account of	258
on back order	067
on behalf of	258
on one's own	258
on sale	067
on short notice	259
on the contrary	259
on the other hand	259
on the whole	259
operation	117
opportunity	115
oppose	200
opposite	224
opt	214
organization	061
otherwise	243
out of stock	067
outage	176
outcome	248
outgoing	020
outing	173
outlet	065
outplacement	024
output	107
outreach	148
outsource	107
outstanding	041
overnight	075
overseas	225

oversee 193
overtime 032
overview 248
owe 041

P

pack 207
painting 140
pane 167
panel 062
pantry 167
paper jam 029
paperwork 033
parallel 189
parking lot 029
participate 049
particular 234
party 099
pastime 173
patent 103
patience 118
patient 161
patron 139
patronage 069
pay attention to 271
paycheck 024
payment method 071
pedestrian 133
peel 155
penetrate 087
pension 165
performance 023, 143
periodical 145
perishable 156
permanent 016
perseverance 251
personnel 023
perspective 102
persuade 196
pharmaceutical 059
pharmacy 161
phase 111
pile 186
place 015
plant 107
plumber 057
pole 188
policy 101
pollute 148
portion 249
position 015
possess 213
post 054
potential 233
pour 152
practical 233
predecessor 251
predict 212
preference 079
preliminary 237
premises 122

prescription 160
present 090
preside 089
prestigious 227
presumably 244
prevent 114
previous 223
prime time 085
printer 085
prior experience 016
prior to 263
privilege 249
probation 021
procedure 117
proceeds 123
procure 106
produce 158
proficient 019
profit 042
progress 123
prohibit 140
promote 023
promotion 085
proofread 145
prop 208
proper 226
property 109
proposal 089
pros and cons 095
prospective 078
prototype 106
provide 114
provided that 264
publishing 059
purchase 068
purpose 118
put together 271

Q

qualified 018
quay 135
questionnaire 077
queue 139
quite a few 264
quote 045

R

railing 132
raise 024
rake 135
range from A to B 271
rarely 241
rate 200
rather than 264
reach 051
real estate 108
realize 204
reasonable 221
receptacle 188
reception 046
receptionist 057
recognize 212

recommend	201
recruit	020
rectangular	189
reduce	191
reference	017
referral	251
refill	152
reflection	134
reform	202
refrain from	140
refrigerator	157
refund	072
refurbish	121
refuse	200
regard	199
regarding	053
regardless of	264
regional	225
registered	053
regrettably	240
relevant	237
reliable	220
relocate	109
rely on	270
remark	119
remarkable	235
reminder	032
remit	039
remote	225
remove	209
renew	203
renovate	120
rent	109
repair	209
replacement	021
reply	052
report to	115
representative	074
reputation	247
require	211
reschedule	113
research	102
residential	027
resign	023
resolve	209
respective	231
respondent	077
result in	272
resume	214
résumé	016
retail	081
retain	211
retrieve	055
return	073
revenue	043
review	071
revise	203
rewarding	236
room	184
round-trip	125

routine	031
row	142
RSVP (Répondez s'il vous plaît.)	048
rug	167
run	183
run short of	272
rural	147
S	
sail	134
satisfied	229
savings account	039
scale	157
scholarship	171
scope	246
sculpture	140
seasoning	153
sector	102
secure	184
segment	079
self-employed	230
sensitive	231
serve	157
setting	123
settle	213
shade	134
shift	031
ship	071
short cut	131
side by side	133
sidewalk	133
sightseeing	128
sign up for	070
signature	098
significant	222
simmer	155
simultaneously	240
sip	153
site	110
so far	264
soar	192
soil	149
solicit	196
solution	118
souvenir	139
spacious	224
specialize in	272
specification	106
specify	091
spectator	144
spending	043
splendid	234
split the bill	151
spouse	165
stable	223
stack	208
stain	169
staircase	121
stall	135
statement	039
stationery	028

statistics	095
statue	141
status	071
stellar	237
stir	155
store clerk	065
story	185
stove	156
strategy	101
streamline	204
stroll	173
structure	110
submit	208
subordinate	035
subscribe to	070
subsequently	241
subsidiary	037
substitute	212
suburb	027
successive	231
suggest	197
summarize	094
supervisor	035
surrounding	225
survey	076
suspend	107
sustainable	235
sweep	168
symptom	161
sync	054

T	
tackle	192
tactics	101
take ～ into account	272
take effect	099
take off	127
take over	272
talented	219
target	078
tax return	041
temperature	175
temporary	233
tend to do	273
tentative	097
terms and conditions	099
testimonial	087
text	054
thanks to	265
therefore	242
thoroughly	239
throughout	244
to the point	259
toast	184
toiletries	158
top-end	082
top-notch	230
torrential	175
tour	109
tourist	129
track record	019

trade	122
traffic jam	130
trail	134
transaction	040
transcript	017
transfer	023
transportation	027
trash bin	168
treat	151
trolley	159
troubleshoot	179
try on	069
tuition	171
tune	173
turn around	273
turn down	273
turn out to be	273
tutorial	171
typical	234
U	
ultimately	240
unanimous	092
under way	111
understanding	118
undertaking	101
unfold	206
upcoming	233
update	033
upgrade	054
upholstery	166
upscale	083
usher	144
utensil	156
utilities	110
V	
vacuum	168
valid	099
valuable	126
value	079
vase	168
vehicle	130
vendor	058
ventilation	167
venue	047
via	245
vibrant	130
vicinity	247
view	095
viral	086
vision	117
visual aid	095
vocational	171
voicemail	052
vote	093
voucher	119
W	
waive	181
walk	183
warehouse	074
warning	175

water	183
wear and tear	265
when it comes to	265
whereas	245
wholesale	082
wine and dine	151
withdraw	039
work from home	027
workload	033
wrap up	273

●著者紹介

成重 寿 Hisashi Narishige

三重県出身。一橋大学社会学部卒。英語教育出版社、海外勤務の経験を生かして、TOEICを中心に幅広く執筆・編集活動を行っている。合同会社ペーパードラゴン代表。TOEIC® L&R TEST 990点満点。

主要著書：『TOEIC® L&R TEST英単語スピードマスター』、『TOEIC® TEST必ず☆でる単スピードマスター』、『TOEIC® L&R TEST必ず☆でる熟語スピードマスター』、『TOEIC® L&R TEST英文法TARGET 900』（以上、Jリサーチ出版）など。

カバーデザイン	斉藤啓（ブッダプロダクションズ）
本文デザイン／DTP	株式会社創樹
英文校正	CPI Japan
本文イラスト	藤井アキヒト
ダウンロード音声制作	一般財団法人　英語教育協議会（ELEC）
ナレーター	Jack Merluzzi／Karen Haedrich／水月優希

本書へのご意見・ご感想は下記URLまでお寄せください。
https://www.jresearch.co.jp/contact/

ミニストーリーで覚える
TOEIC® L&R TEST英単語1000

令和3年（2021年）3月10日　初版第1刷発行

著　者	成重　寿
発行人	福田富与
発行所	有限会社 J リサーチ出版
	〒166-0002　東京都杉並区高円寺北 2-29-14-705
	電話 03 (6808) 8801（代）　FAX 03 (5364) 5310
	編集部 03 (6808) 8806
	https://www.jresearch.co.jp
印刷所	株式会社 シナノ パブリッシング プレス

ISBN978-4-86392-506-9　